여러분의 합격을 응원 해커스공무원의 특

FREE 공무원 행정법 **동영상강의**

해커스공무원(gosi.Hackers.com) 접속 후 로그인 ▶ 상단의 [무료강좌] 클릭 ▶ 좌측의 [교재 무료특강] 클릭

해커스공무원 온라인 단과강의 **20% 할인쿠폰**

283C7FAB4AB5ABZS

해커스공무원(gosi.Hackers.com) 접속 후 로그인 ▶ 상단의 [나의 강의실] 클릭 ▶
좌측의 [쿠폰등록] 클릭 ▶ 위 쿠폰번호 입력 후 이용

* 쿠폰 이용 기한 : 2023년 12월 31일까지(등록 후 7일간 사용 가능)
* 쿠폰 이용 관련 문의 : 1588-4055

해커스 회독증강 콘텐츠 **5만원 할인쿠폰**

59FEB94598CA5E5L

해커스공무원(gosi.Hackers.com) 접속 후 로그인 ▶ 상단의 [나의 강의실] 클릭 ▶
좌측의 [쿠폰등록] 클릭 ▶ 위 쿠폰번호 입력 후 이용

* 쿠폰 이용 기한 : 2023년 12월 31일까지(등록 후 7일간 사용 가능)
* 월간 학습지 회독증강 행정학/행정법총론 개별상품은 할인쿠폰 할인대상에서 제외

합격예측 모의고사 응시권 + 해설강의 수강권

67666B6FD5E3C6E3

해커스공무원(gosi.Hackers.com) 접속 후 로그인 ▶ 상단의 [나의 강의실] 클릭 ▶
좌측의 [쿠폰등록] 클릭 ▶ 위 쿠폰번호 입력 후 이용

* 쿠폰 이용 기한 : 2023년 12월 31일까지(등록 후 7일간 사용 가능)
* 쿠폰 이용 관련 문의 : 1588-4055

단기 합격을 위한
해커스 커리큘럼

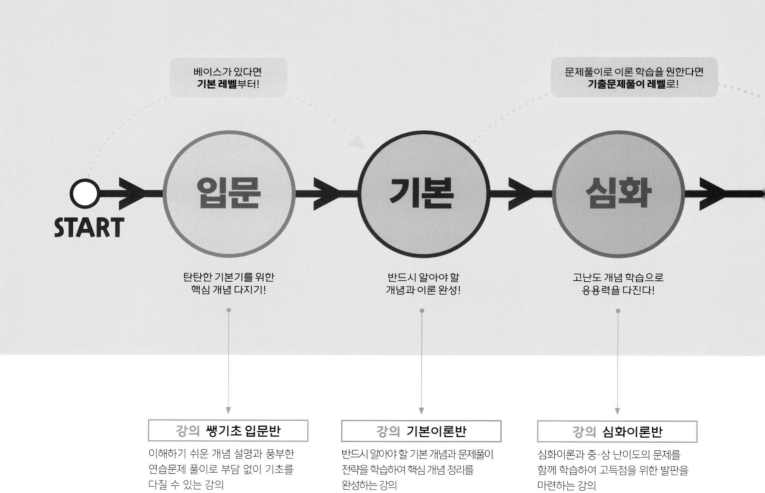

베이스가 있다면
기본 레벨부터!

문제풀이로 이론 학습을 원한다면
기출문제풀이 레벨로!

START

입문

탄탄한 기본기를 위한
핵심 개념 다지기!

기본

반드시 알아야 할
개념과 이론 완성!

심화

고난도 개념 학습으로
응용력을 다진다!

강의 쌩기초 입문반

이해하기 쉬운 개념 설명과 풍부한
연습문제 풀이로 부담 없이 기초를
다질 수 있는 강의

강의 기본이론반

반드시 알아야할 기본 개념과 문제풀이
전략을 학습하여 핵심 개념 정리를
완성하는 강의

강의 심화이론반

심화이론과 중·상 난이도의 문제를
함께 학습하여 고득점을 위한 발판을
마련하는 강의

* 커리큘럼은 과목별·선생님별로 상이할 수 있으며, 자세한 내용은 해커스공무원 사이트에서 확인하세요.

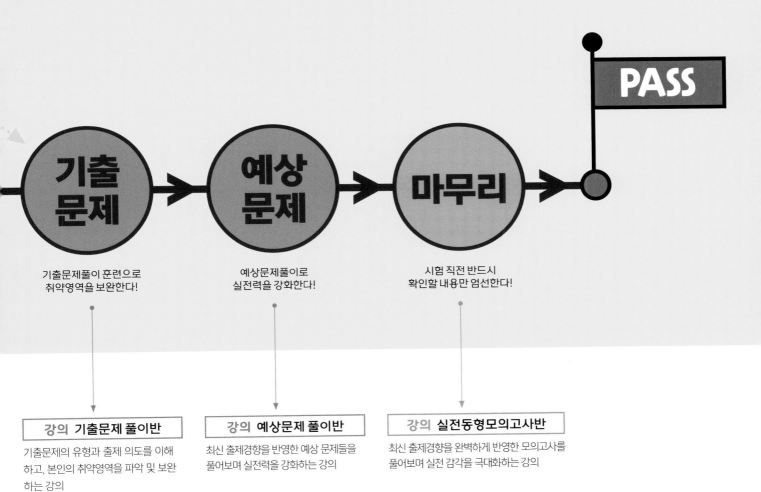

기출문제

기출문제풀이 훈련으로
취약영역을 보완한다!

예상문제

예상문제풀이로
실전력을 강화한다!

마무리

시험 직전 반드시
확인할 내용만 엄선한다!

PASS

강의 기출문제 풀이반

기출문제의 유형과 출제 의도를 이해
하고, 본인의 취약영역을 파악 및 보완
하는 강의

강의 예상문제 풀이반

최신 출제경향을 반영한 예상 문제들을
풀어보며 실전력을 강화하는 강의

강의 실전동형모의고사반

최신 출제경향을 완벽하게 반영한 모의고사를
풀어보며 실전 감각을 극대화하는 강의

강의 봉투모의고사반

시험 직전에 실제 시험과 동일한 형태의
모의고사를 풀어보며 실전력을 완성하는 강의

해커스공무원

황남기
행정법 최신 판례집

해커스 공무원

황남기

약력

현 | 해커스공무원 헌법, 행정법 강의
현 | 해커스경찰 헌법 강의
전 | 외교부 사무관
전 | 제27회 외무고등고시 수석합격
전 | 2012년 공무원 승진시험 출제위원
전 | 동국대 법대 겸임교수

저서

해커스공무원 황남기 행정법총론 기본서, 해커스패스
해커스공무원 황남기 행정기본법 조문해설집, 해커스패스
해커스공무원 황남기 행정법총론 문제족보를 밝히다, 해커스패스
해커스공무원 황남기 행정법 모의고사 Season 1, 해커스패스
해커스군무원 황남기 행정법총론 핵심요약집, 해커스패스
해커스공무원 황남기 헌법 최신 판례집, 해커스패스
해커스공무원 황남기 헌법족보, 해커스패스
황남기 행정법총론 기출문제집, 멘토링
황남기 행정법각론 진도별모의고사, 합격캠프
황남기 헌법 기본서, 찬글
황남기 헌법 객관식 기출총정리, 찬글

공무원 시험
합격을 위한 필수 판례집!

　판례를 공부했다는 것만으로 판례문제를 맞출 수 있다고 생각한다면 시험이 무엇인지 모르는 아마추어 수험생일 뿐입니다. 대부분의 수험생은 판례를 읽어본 후 바로 문제를 풀어보더라도 쉽게 틀립니다. '그건 일부 수험생에 대한 것이 아니냐'고 반문하더라도 같은 대답을 해주고 싶습니다. 사법시험 수험생들도 대부분 그랬습니다. 따라서 판례는 문제를 통해 확인해야 합니다. 본 저자는 최신 판례가 나오면 문제를 만드는 습관이 생겼는데, 이는 판례를 공부하고 시험장에 가더라도 문제를 틀리고 오는 사법시험 수험생들 때문이었습니다.

　2021년은 1월에 고위공직자범죄수사처 설치 및 운영에 관한 법률 판례가 나오면서 심상치 않게 출발했습니다. 판례 문장은 밋밋해졌는데 글의 묘미를 잃어버린 논리 중심 글쓰기의 결과인 것 같습니다. 쟁점 정리, 기본권 보호영역, 심사기준, 위헌 여부 심리라는 패턴화된 판례 논리구조를 답습하고 있어 어떻게 보면 수험생들에게 다행이기도 하지만, 쟁점 정리나 기본권 보호영역이 출제되면 수험생에게 부담이 될 수도 있습니다.

　모든 판례의 논리구조를 모두 이해하는 것은 불가능하며, 가능하다고 하더라도 수험에서는 비용이 수익보다 클 듯합니다. 그러나 중요한 판례의 경우 논리구조를 꿰뚫어 보는 공부도 필요합니다. 그러한 판례들은 문제로 수록하였으니 쉽게 파악할 수 있을 것입니다.

　기출문제가 헌법재판소에서 정리한 판례 요약을 넘어선 것은 오래전 일이고, 판례의 핵심 논리를 물어보는 문제가 수험생을 당혹시키는 일도 자주 발생하곤 합니다. 이러한 출제경향에 따라 판례집도 발전할 수밖에 없습니다. 판례집이 누군가에게는 또다른 짐이 될 수 있으나, 공부를 제대로 하고자 하는 수험생에게는 합격의 지렛대가 될 것입니다. 각자 아는 만큼 보이는 것이고, 그만큼 시험에서 좋은 결과를 가져갈 것입니다.

　취임사에서 공정을 수십 번 외친 대통령이 이끈 정부에서조차 불공정은 여전하고, 불공정 시정을 외쳐도 돌아오지 않는 메아리로 젊은이들의 좌절은 깊어져만 갑니다. 그래도 시험은 노력한 만큼, 보는 안목만큼, 자신의 선택만큼 결과를 손에 쥘 수 있으니 참을 수 없을 만큼 불공정하다고 할 수는 없을 것입니다. 공무원 시험 합격이라는 목표와 관계없이 떠돌다 수험시장에서 또다른 좌절로 돌아설 수험생들에게 기회라도 주고 싶습니다. 본 교재로 공부하는 수험생들에게 합격의 결과가 있기를 기원합니다.

2022년 4월
저자 황남기

목차

행정법총론

목차

해커스공무원
gosi.Hackers.com

행정법총론

01 법적용 기준

1 처분시효를 연장하는 법

2012. 3. 21. 법률 제11406호로 개정된 독점규제 및 공정거래에 관한 법률이 시행(2012. 6. 22.)되기 이전에 위반행위가 종료되었더라도 시행 당시 구 독점규제 및 공정거래에 관한 법률 제49조 제4항의 **처분시효가 경과하지 않은 사건에 대하여, 부칙(2012. 3. 21.) 제3조에 따라 구법보다 처분시효를 연장한 현행법 제49조 제4항을 적용하는 것이 헌법상 법률불소급의 원칙에 반하는지 여부(소극)**

현행법이 시행된 이후 공정거래위원회가 최초로 조사를 개시하기 전에 구법 제49조 제4항이 정한 '위반행위가 종료한 날부터 5년'이 경과되는 경우에도, 현행법은 시행과 동시에 효력이 발생하고, 위 부칙조항이나 현행법 부칙에 위와 같은 경우에 구법 제49조 제4항을 적용한다는 별도의 경과규정은 없으므로, 마찬가지로 현행법 제49조 제4항이 적용된다.

이와 같이 현행법이 시행되기 이전에 위반행위가 종료되었더라도 그 시행 당시 구법 제49조 제4항의 처분시효가 경과하지 않은 사건에 대하여, 위 부칙조항에 따라 구법에 비하여 처분시효를 연장한 현행법 제49조 제4항을 적용하는 것은 현재 진행 중인 사실관계나 법률관계를 대상으로 하는 것으로서 부진정소급에 해당하고, 헌법상 법률불소급의 원칙에 반하지 않는다.

02 법률유보

1. **헌법상 법치주의의 핵심적 내용인 법률유보원칙에 내포된 의회유보원칙에서 어떠한 사안이 국회가 형식적 법률로 스스로 규정하여야 하는 본질적 사항에 해당하는지 결정하는 방법 / 국민의 권리·의무에 관한 기본적이고 본질적인 사항 및 헌법상 보장된 국민의 자유나 권리를 제한할 때 그 제한의 본질적인 사항에 관하여 국회가 법률로써 스스로 규율하여야 하는지 여부(적극)**

   헌법 제37조 제2항은 "국민의 모든 자유와 권리는 국가안전보장·질서유지 또는 공공복리를 위하여 필요한 경우에 한하여 법률로써 제한할 수 있으며, 제한하는 경우에도 자유와 권리의 본질적인 내용을 침해할 수 없다."라고 규정하고 있다. 헌법상 법치주의는 법률유보원칙, 즉 행정작용에는 국회가 제정한 형식적 법률의 근거가 요청된다는 원칙을 핵심적 내용으로 한다. 나아가 오늘날의 법률유보원칙은 단순히 행정작용이 법률에 근거를 두기만 하면 충분한 것이 아니라, 국가공동체와 그 구성원에게 기본적이고도 중요한 의미를 갖는 영역, 특히 국민의 기본권 실현에 관련된 영역에 있어서는 행정에 맡길 것이 아니고 국민의 대표자인 입법자 스스로 그 본질적 사항에 대하여 결정하여야 한다는 요구, 즉 의회유보원칙까지 내포하는 것으로 이해되고 있다. 여기서 어떠한 사안이 국회가 형식적 법률로 스스로 규정하여야 하는 본질적 사항에 해당되는지는, 구체적 사례에서 관련된 이익 내지 가치의 중요성, 규제 또는 침해의 정도와 방법 등을 고려하여 개별적으로 결정하여야 하지만, 규율대상이 국민의 기본권과 관련한 중요성을 가질수록 그리고 그에 관한 공개적 토론의 필요성 또는 상충하는 이익 사이의 조정 필요성이 클수록, 그것이 국회의 법률에 의하여 직접 규율될 필요성은 더 증대된다. 따라서 국민의 권리·의무에 관한 기본적이고 본질적인 사항은 국회가 정하여야 하고, 헌법상 보장된 국민의 자유나 권리를 제한할 때에는 적어도 그 제한의 본질적인 사항에 관하여 국회가 법률로써 스스로 규율하여야 한다.

2. **법률의 시행령이 법률에 의한 위임 없이 법률이 규정한 개인의 권리·의무에 관한 내용을 변경·보충하거나 법률에 규정되지 아니한 새로운 내용을 규정할 수 있는지 여부(소극)**

   헌법 제75조는 "대통령은 법률에서 구체적으로 범위를 정하여 위임받은 사항과 법률을 집행하기 위하여 필요한 사항에 관하여 대통령령을 발할 수 있다."라고 규정하고 있다. 따라서 대통령은 법률에서 구체적으로 범위를 정하여 위임받은 사항과 법률을 집행하기 위하여 필요한 사항에 관하여만 대통령령을 발할 수 있으므로, 법률의 시행령은 모법인 법률에 의하여 위임받은 사항이나 법률이 규정한 범위 내에서 법률을 현실적으로 집행하는 데 필요한 세부적인 사항만을 규정할 수 있을 뿐, 법률에 의한 위임이 없는 한 법률이 규정한 개인의 권리·의무에 관한 내용을 변경·보충하거나 법률에 규정되지 아니한 새로운 내용을 규정할 수는 없다.

3. 노동조합 및 노동관계조정법 시행령 제9조 제2항이 법률의 위임 없이 법률이 정하지 아니한 법외노조 통보에 관하여 규정함으로써 헌법상 노동3권을 본질적으로 제한하여 그 자체로 무효인지 여부(적극)

법외노조 통보는 이미 법률에 의하여 법외노조가 된 것을 사후적으로 고지하거나 확인하는 행위가 아니라 그 통보로써 비로소 법외노조가 되도록 하는 형성적 행정처분이다. 이러한 법외노조 통보는 단순히 노동조합에 대한 법률상 보호만을 제거하는 것에 그치지 않고 헌법상 노동3권을 실질적으로 제약한다. 그런데 노동조합 및 노동관계조정법(이하 '노동조합법'이라 한다)은 법상 설립요건을 갖추지 못한 단체의 노동조합 설립신고서를 반려하도록 규정하면서도, 그보다 더 침익적인 설립 후 활동 중인 노동조합에 대한 법외노조 통보에 관하여는 아무런 규정을 두고 있지 않고, 이를 시행령에 위임하는 명문의 규정도 두고 있지 않다. 더욱이 법외노조 통보 제도는 입법자가 반성적 고려에서 폐지한 노동조합 해산명령 제도와 실질적으로 다를 바 없다. 결국 노동조합법 시행령 제9조 제2항은 법률이 정하고 있지 아니한 사항에 관하여, 법률의 구체적이고 명시적인 위임도 없이 헌법이 보장하는 노동3권에 대한 본질적인 제한을 규정한 것으로서 법률유보원칙에 반한다.

4. 법외노조 통보에 관한 노동조합 및 노동관계조정법 시행령 제9조 제2항은 헌법상 법률유보의 원칙에 위반되어 그 자체로 무효이므로 그에 기초한 위 법외노조 통보는 법적 근거를 상실하여 위법하다고 한 사례

노동조합 및 노동관계조정법 시행령 제9조 제2항은 법률의 구체적이고 명시적인 위임 없이 법률이 정하고 있지 아니한 법외노조 통보에 관하여 규정함으로써 헌법이 보장하는 노동3권을 본질적으로 제한하는 것으로 법률유보의 원칙에 위반되어 그 자체로 무효이므로 그에 기초한 위 법외노조 통보는 법적 근거를 상실하여 위법하다고 한 사례

03 법률관계의 내용

1 개발부담금 납부의무승계

개발사업 완료 전에 사업시행자의 지위가 승계된 경우 그 지위를 승계한 사람이 개발부담금을 납부할 의무가 있다고 정한 개발이익 환수에 관한 법률 제6조 제1항 제3호의 규정 취지

개발이익 환수에 관한 법률 제6조 제1항 제3호는 개발사업 완료 전에 사업시행자의 지위가 승계된 경우 그 지위를 승계한 사람이 개발부담금을 납부할 의무가 있다고 정하고 있다. 이 조항은 개발사업이 승계된 경우 그 승계 시까지 발생한 개발이익과 승계 후에 발생한 개발이익을 가려내기가 쉽지 않다는 사정을 고려하여 마련된 규정으로서, 개발사업의 승계 당사자 사이에 개발이익과 개발부담금의 승계에 관한 약정이 가능함을 전제로 그러한 약정이 불가능하다는 등의 특별한 사정이 없는 한 사업시행자의 지위를 승계한 사람으로 하여금 개발부담금의 납부의무를 부담하도록 한 것이다.

04 부당이득

1 요양급여비용징수처분취소청구

1. 의료기관을 개설할 수 없는 자가 개설한 의료기관이 요양기관으로서 요양급여를 실시하고 그 급여비용을 청구한 경우, 구 국민건강보험법 제52조 제1항, 제70조 제1항, 제3항에서 정한 부당이득징수 처분의 상대방인 요양기관에 해당하는지 여부(적극) 및 이러한 의료기관이 요양급여비용을 청구하는 것이 '사위 기타 부당한 방법'에 해당하는지 여부(적극)

구 국민건강보험법 제39조, 제43조, 제52조 제1항, 제70조 제1항, 제3항, 제40조 제1항 제1호, 구 의료법 제30조 제2항, 제53조 제1항 제2호, 제66조 제3호, 제69조의 내용과 체재 등에 비추어 보면, 의료기관을 개설할 수 없는 자가 개설한 의료기관은 국민건강보험법상 요양기관이 될 수 없지만, 이러한 의료기관이라 하더라도 요양기관으로서 요양급여를 실시하고 그 급여비용을 청구한 이상 구 국민건강보험법 제52조 제1항에서 정한 부당이득징수 처분의 상대방인 요양기관에 해당하고, 이러한 의료기관이 요양급여비용을 청구하는 것은 '사위 기타 부당한 방법'에 해당한다.

2. 구 국민건강보험법 제52조 제1항이 정한 부당이득징수가 재량행위인지 여부(적극) / 의료기관의 개설명의인을 상대로 요양급여비용을 징수할 때 고려할 사항 및 이러한 사정을 고려하지 않고 의료기관의 개설명의인을 상대로 요양급여비용 전액을 징수하는 경우, 재량권을 일탈·남용한 때에 해당하는지 여부(원칙적 적극)

부당이득징수의 법적 성질 등을 고려할 때, 구 국민건강보험법 제52조 제1항이 정한 부당이득징수는 재량행위라고 보는 것이 옳다. 그리고 요양기관이 실시한 요양급여 내용과 요양급여비용의 액수, 의료기관 개설·운영 과정에서의 개설명의인의 역할과 불법성의 정도, 의료기관 운영성과의 귀속 여부와 개설명의인이 얻은 이익의 정도, 그 밖에 조사에 대한 협조 여부 등의 사정을 고려하지 않고 의료기관의 개설명의인을 상대로 요양급여비용 전액을 징수하는 것은 다른 특별한 사정이 없는 한 비례의 원칙에 위배된 것으로 재량권을 일탈·남용한 때에 해당한다고 볼 수 있다.

의료기관을 개설할 수 없는 자가 개설한 의료기관은 국민건강보험법상 요양기관이 될 수 없으므로, 이러한 의료기관이 국민건강보험법상 요양급여를 실시하고 급여비용을 청구하는 것은 '속임수나 그 밖의 부당한 방법'에 해당하여 국민건강보험법 제57조에 의한 부당이득징수처분의 대상이 된다. 이때 해당 의료기관의 개설명의자는 국민건강보험법 제57조 제1항에 따라 부당이득징수처분의 상대방이 되고, 명의를 대여받아 해당 의료기관을 실질적으로 개설·운영한 자는 국민건강보험법 제57조 제2항에 따라 부당이득징수처분의 상대방이 된다.

05 행정입법

대판 2020.5.28, 2017두66541

1 공급자등록취소무효확인등청구

공공기관의 운영에 관한 법률이나 그 하위법령은 공기업이 거래상대방 업체에 대하여 공공기관운영법 제39조 제2항 및 공기업·준정부기관 계약사무규칙 제15조에서 정한 범위를 뛰어넘어 추가적인 제재조치를 취할 수 있도록 위임한 바 없다. 따라서 한국수력원자력 주식회사가 조달하는 기자재, 용역 및 정비공사, 기기수리의 공급자에 대한 관리업무 절차를 규정함을 목적으로 제정·운용하고 있는 '공급자관리지침' 중 등록취소 및 그에 따른 일정 기간의 거래제한조치에 관한 규정들은 공공기관으로서 행정청에 해당하는 한국수력원자력 주식회사가 상위법령의 구체적 위임 없이 정한 것이어서 대외적 구속력이 없는 행정규칙이다.

대판 2020.11.26, 2020두42262

2 과태료부과처분취소

공증인이 직무수행을 하면서 공증인의 감독기관인 법무부장관이 제정한 '집행증서 작성사무 지침'을 위반한 경우, 공증인법 제79조 제1호에 근거한 직무상 명령을 위반한 것인지 여부(적극)

일반적으로 상급행정기관은 소속 공무원이나 하급행정기관에 대하여 업무처리지침이나 법령의 해석·적용 기준을 정해주는 '행정규칙'을 제정할 수 있다. 공증인은 직무에 관하여 공무원의 지위를 가지고, 법무부장관은 공증인에 대한 감독기관이므로 공증인법 제79조 제1호에 근거한 직무상 명령을 개별·구체적인 지시의 형식으로 할 수도 있으나, 행정규칙의 형식으로 일반적인 기준을 제시하거나 의무를 부과할 수도 있다. 법무부장관은 공증인의 '집행증서'(이는 법령상 용어는 아니고 강제집행을 승낙하는 의사표시가 기재되어 민사집행법에 따른 강제집행의 집행권원이 되는 공정증서를 강학상, 실무상으로 지칭하는 용어이다) 작성 사무에 관한 사항을 정하여 그 사무의 적절성과 공정성을 확보하고 집행증서 작성 과정에서 집행채무자의 권리가 부당하게 침해되는 것을 방지함을 목적으로, 2013. 10. 1. '집행증서 작성사무 지침'을 제정하였다. 이는 공증인의 감독기관인 법무부장관이 상위법령의 구체적인 위임 없이 공증인이 직무수행에서 준수하여야 할 세부적인 사항을 규정한 '행정규칙'이라고 보아야 한다. 따라서 공증인이 직무수행에서 위 지침을 위반한 경우에는 공증인법 제79조 제1호에 근거한 직무상 명령을 위반한 것이다.

06 행정행위

1 개발행위불허가처분취소

1. 구 군사기지 및 군사시설 보호법상 국방부장관 또는 관할부대장에 대한 관계 행정기관장의 협의 요청 대상인 행위가 군사작전에 지장을 초래하거나 초래할 우려가 있는지 등은 고도의 전문적·군사적 판단 사항인지 여부(적극) 및 그 판단에 관하여 국방부장관 또는 관할부대장 등에게 재량권이 부여되어 있는지 여부(적극) 행정청의 전문적인 정성적 평가 결과는 특별한 사정이 없는 한 가급적 존중되어야 하는지 여부(적극) 및 재량권을 일탈·남용한 특별한 사정이 있다는 점에 관한 증명책임의 소재(=이를 주장하는 자) / 이러한 법리가 국방부장관 또는 관할부대장 등이 구 군사기지 및 군사시설 보호법 등 관계 법령이 정하는 바에 따라 전문적·군사적인 정성적 평가를 한 경우에도 마찬가지로 적용되는지 여부(적극)

   구 군사기지 및 군사시설 보호법(2014. 12. 30. 법률 제12902호로 개정되기 전의 것, 이하 '구 군사기지법'이라 한다) 제2조 제6호 (나)목, 제8호, 제4조, 제5조 제1항 제2호 (다)목, 제6조 제1항 [별표 1], 제13조 제1항 제1호, 제7호, 제2항 제1호, 제10조 제1항 제4호, 구 군사기지 및 군사시설 보호법 시행규칙(2016. 2. 29. 국방부령 제884호로 개정되기 전의 것) 제7조 제2항의 문언, 체제, 형식과 군사기지 및 군사시설을 보호하고 군사작전을 원활히 수행하기 위하여 필요한 사항을 규정함으로써 국가안전보장에 이바지하려는 구 군사기지법의 목적(제1조) 등을 종합하면, 협의 요청의 대상인 행위가 군사작전에 지장을 초래하거나 초래할 우려가 있는지, 그러한 지장이나 우려를 해소할 수 있는지, 항공등화의 명료한 인지를 방해하거나 항공등화로 오인될 우려가 있는지 등은 해당 부대의 임무, 작전계획, 군사기지 및 군사시설의 유형과 특성, 주변환경, 지역주민의 안전에 미치는 영향 등을 종합적으로 고려하여 행하는 고도의 전문적·군사적 판단 사항으로서, 그에 관해서는 국방부장관 또는 관할부대장 등에게 재량권이 부여되어 있다.

2. 행정청의 전문적인 정성적 평가 결과는 판단의 기초가 된 사실인정에 중대한 오류가 있거나 그 판단이 사회통념상 현저하게 타당성을 잃어 객관적으로 불합리하다는 등의 특별한 사정이 없는 한 법원이 당부를 심사하기에 적절하지 않으므로 가급적 존중되어야 하고, 여기에 재량권을 일탈·남용한 특별한 사정이 있다는 점은 증명책임분배의 일반원칙에 따라 이를 주장하는 자가 증명하여야 한다. 이러한 법리는 국방부장관 또는 관할부대장 등이 구 군사기지 및 군사시설 보호법 등 관계 법령이 정하는 바에 따라 전문적·군사적인 정성적 평가를 한 경우에도 마찬가지로 적용된다. 따라서 국방부장관 또는 관할부대장 등의 전문적·군사적 판단은 그 판단의 기초가 된 사실인정에 중대한 오류가 있거나 그 판단이 객관적으로 불합리하거나 부당하다는 등의 특별한 사정이 없는 한 존중되어야 하고, 국방부장관 또는 관할부대장 등의 판단을 기초로 이루어진 행정처분에 재량권을 일탈·남용한 특별한 사정이 있다는 점은 처분의 효력을 다투는 자가 증명하여야 한다.

1. 의료법 제64조 제1항 제8호(법인이 개설한 의료기관에서 거짓으로 진료비를 청구하였다는 범죄사실로 법인의 대표자가 금고 이상의 형을 선고받고 형이 확정된 경우)에 해당하는 경우, 관할 행정청은 반드시 해당 의료기관에 대하여 개설 허가 취소처분(또는 폐쇄명령)을 해야 하는지 여부(적극)

   의료법 제64조 제1항의 문언과 규정 체계, 입법 취지 등을 종합하면 다음과 같이 보아야 한다. 의료법 제64조 제1항에서 정하고 있는 의료기관 개설 허가의 취소와 의료기관 폐쇄명령은 의료법상 의무를 중대하게 위반한 의료기관에 대해서 의료업을 더 이상 영위할 수 없도록 하는 제재처분으로서, 실질적으로 동일한 법적 효과를 의도하고 있다. 다만 의료법 제33조 제4항에 따라 허가에 근거하여 개설된 의료기관에 대해서는 개설 허가 취소처분의 형식으로 하고, 제33조 제3항과 제35조 제1항 본문에 따라 신고에 근거하여 개설된 의료기관에 대해서는 폐쇄명령의 형식으로 해야 한다.
   의료기관이 의료법 제64조 제1항 제1호에서 제7호, 제9호의 사유에 해당하면 관할 행정청이 1년 이내의 의료업 정지처분과 개설 허가 취소처분(또는 폐쇄명령) 중에서 제재처분의 종류와 정도를 선택할 수 있는 재량을 가지지만, 의료기관이 의료법 제64조 제1항 제8호에 해당하면 관할 행정청은 반드시 해당 의료기관에 대하여 더 이상 의료업을 영위할 수 없도록 개설 허가 취소처분(또는 폐쇄명령)을 하여야 할 뿐 선택재량을 가지지 못한다.

2. 법인이 개설한 의료기관에서 거짓으로 진료비를 청구하였다는 범죄사실로 법인의 대표자가 금고 이상의 형을 선고받고 형이 확정된 경우, 의료법 제64조 제1항 제8호에 따라 진료비 거짓 청구가 이루어진 해당 의료기관의 개설 허가 취소처분(또는 폐쇄명령)을 해야 하는지 여부(적극)

   자연인이 의료기관을 개설한 경우에는 해당 의료기관에서 거짓으로 진료비를 청구하였다는 범죄사실로 개설자인 자연인이 금고 이상의 형을 선고받고 그 형이 확정된 때에, 법인이 의료기관을 개설한 경우에는 해당 의료기관에서 거짓으로 진료비를 청구하였다는 범죄사실로 법인의 대표자가 금고 이상의 형을 선고받고 그 형이 확정된 때에 의료법 제64조 제1항 제8호에 따라 진료비 거짓 청구가 이루어진 해당 의료기관의 개설 허가 취소처분(또는 폐쇄명령)을 해야 한다.

3 수입통관보류처분

대판 2021.11.25, 2021두46421

1. 구 관세법 제234조 제1호가 규정하는 '풍속을 해치는'의 의미와 판단 기준

구 관세법 제234조 제1호가 규정하는 '풍속을 해치는'이란 특별한 사정이 없는 한 성풍속을 해치는 '음란성'을 의미하는 것으로 해석함이 상당하고, 여기서 '음란'이란 사회통념상 일반 보통인의 성욕을 자극하여 성적 흥분을 유발하고 정상적인 성적 수치심을 해하여 성적 도의관념에 반하는 것으로서, 존중·보호되어야 할 인격을 갖춘 존재인 사람의 존엄성과 가치를 심각하게 훼손·왜곡하였다고 평가할 수 있을 정도로 노골적인 방법에 의하여 성적 부위나 행위를 적나라하게 표현 또는 묘사한 것으로서, 음란 여부를 판단함에 있어서는 그 사회의 평균인의 입장에서 그 시대의 건전한 사회통념에 따라 객관적이고 규범적으로 평가하여야 한다. 우리 사회에서의 음란물에 대한 규제 필요성은 사회의 성윤리나 성도덕의 보호라는 측면을 넘어서 미성년자 보호 또는 성인의 원하지않는 음란물에 접하지 않을 자유의 측면을 더욱 중점적으로 고려하여야 한다.

2. 甲이 여성의 신체 외관을 본뜬 전신 인형 형태의 남성용 자위기구를 수입신고 하였으나, 관할 세관장이 구 관세법 제234조 제1호 등에 해당한다는 이유로 위 물품의 수입통관을 보류하는 처분을 한 사안에서, 위 물품은 구 관세법 제234조 제1호가 규정한 '풍속을 해치는 물품'에 해당한다고 볼 여지가 있다고 한 사례

甲이 여성의 신체 외관을 본뜬 전신 인형 형태의 남성용 자위기구를 수입신고 하였으나, 관할 세관장이 구 관세법제234조 제1호 등에 해당한다는 이유로 위 물품의 수입통관을 보류하는 처분을 한 사안에서, 그 형상, 재질, 기능, 용도 등에 비추어 보면 위 물품은 16세 미만 여성의 신체 외관을 사실적으로 본떠 만들어진 성행위 도구라고 볼 수 있는 점, 위 물품의 사용을 통해 아동의 성에 대한 왜곡된 인식과 비정상적 태도가 형성될 수 있을뿐더러 아동에 대한 잠재적인 성범죄의 위험을 증대시킬 우려가 있는 점 등을 종합하면, 위 물품은 구 관세법 제234조 제1호가 규정한 '풍속을 해치는 물품'에 해당한다고 볼 여지가 있다.

4 자동차운전면허취소처분취소
대판 2021.12.10, 2018두42771

도로 외의 곳에서의 음주운전·음주측정거부 등에 대해서 운전면허의 취소·정지 처분을 부과할 수 있는지 여부 (소극)

구 도로교통법(2010. 7. 23. 법률 제10382호로 개정되기 전의 것) 제2조 제 24호는 "운전이라 함은 도로에서 차마를 그 본래의 사용방법에 따라 사용하는 것(조종을 포함한다)을 말한다."라고 규정하여 도로교통법상 '운전'에는 도로 외의 곳에서 한 운전은 포함되지 않는 것으로 보았다. 도로 외의 곳에서의 음주운전·음주측정거부 등에 관한 형사처벌 규정인 도로교통법 제148조의2 가 포함되어 있으나, 행정제재처분인 운전면허 취소·정지의 근거 규정인 도로교통법 제93조는 포함되어 있지 않기 때문에 도로 외의 곳에서의 음주운전·음주측정거부 등에 대해서는 형사처벌만 가능하고 운전면허의 취소·정지 처분은 부과할 수 없다.

5 총회결의무효
대판 2021.2.10, 2020두48031

기본행위인 주택재개발정비사업조합이 수립한 사업시행계획에 하자가 있는데 보충행위인 관할 행정청의 사업시행 계획 인가처분에는 고유한 하자가 없는 경우, 사업시행계획의 무효를 주장하면서 곧바로 그에 대한 인가처분의 무효 확인이나 취소를 구할 수 있는지 여부(소극)

구 도시 및 주거환경정비법(2013. 12. 24. 법률 제12116호로 개정되기 전의 것)에 기초하여 주택재개발정비사업조합이 수립 한 사업시행계획은 관할 행정청의 인가·고시가 이루어지면 이해관계인들에게 구속력이 발생하는 독립된 행정처분에 해당하 고, 관할 행정청의 사업시행계획 인가처분은 사업시행계획의 법률상 효력을 완성시키는 보충행위에 해당한다. 따라서 기본행 위인 사업시행계획에는 하자가 없는데 보충행위인 인가처분에 고유한 하자가 있다면 그 인가처분의 무효확인이나 취소를 구하 여야 할 것이지만, 인가처분에는 고유한 하자가 없는데 사업시행계획에 하자가 있다면 사업시행계획의 무효확인이나 취소를 구하여야 할 것이지 사업시행계획의 무효를 주장하면서 곧바로 그에 대한 인가처분의 무효확인이나 취소를 구하여서는 아니 된다.

1. 과세관청이 세무조사결과통지 후 과세전적부심사 청구나 그에 대한 결정이 있기 전에 과세처분을 한 경우, 절차상 하자가 중대하고도 명백하여 과세처분이 무효인지 여부(원칙적 적극)

과세전적부심사를 거치지 않고 곧바로 과세처분을 할 수 있거나 과세전적부심사에 대한 결정이 있기 전이라도 과세처분을 할 수 있는 예외사유로 정하고 있다는 등의 특별한 사정이 없는 한, 세무조사결과통지 후 과세전적부심사 청구나 그에 대한 결정이 있기도 전에 과세처분을 하는 것은 원칙적으로 과세전적부심사 이후에 이루어져야 하는 과세처분을 그보다 앞서 함으로써 과세전적부심사 제도 자체를 형해화시킬 뿐 아니라 과세전적부심사 결정과 과세처분 사이의 관계 및 불복절차를 불분명하게 할 우려가 있으므로, 그와 같은 과세처분은 납세자의 절차적 권리를 침해하는 것으로서 절차상 하자가 중대하고도 명백하여 무효이다.

2. 과세관청이 법인에 대하여 세무조사결과통지를 하면서 익금누락 등으로 인한 법인세 포탈에 관하여 조세범 처벌법 위반으로 고발 또는 통고처분을 한 경우, 소득처분에 따른 소득금액변동통지와 관련된 조세포탈에 대하여도 과세전적부심사의 예외사유인 '고발 또는 통고처분'을 한 것으로 볼 수 있는지 여부(소극) 및 이 경우 세무조사결과통지 후 과세전적부심사 청구 또는 그에 대한 결정이 있기 전에 이루어진 소득금액변동통지의 효력(원칙적 무효)

구 국세기본법의 문언과 체계, 입법 취지 등에 비추어 보면, 과세관청의 익금산입 등에 따른 법인세 부과처분과 그 익금 등의 소득처분에 따른 소득금액변동통지는 각각 별개의 처분이므로, 과세관청이 법인에 대하여 세무조사결과통지를 하면서 익금누락 등으로 인한 법인세 포탈에 관하여 조세범 처벌법 위반으로 고발 또는 통고처분을 하였더라도 이는 포탈한 법인세에 대하여 구 국세기본법 제81조의15 제2항 제2호의 '조세범 처벌법 위반으로 고발 또는 통고처분하는 경우'에 해당할 뿐이지, 소득처분에 따른 소득금액변동통지와 관련된 조세포탈에 대해서까지 과세전적부심사의 예외사유인 '고발 또는 통고처분'을 한 것으로 볼 수는 없다. 따라서 이러한 경우 과세전적부심사를 거치기 전이라도 소득금액변동통지를 할 수 있는 다른 예외사유가 있다는 등의 특별한 사정이 없는 한, 과세관청은 소득금액변동통지를 하기 전에 납세자인 해당 법인에 과세전적부심사의 기회를 부여하여야 한다. 이와 같은 특별한 사정이 없음에도 세무조사결과통지가 있은 후 과세전적부심사 청구 또는 그에 대한 결정이 있기 전에 이루어진 소득금액변동통지는 납세자의 절차적 권리를 침해하는 것으로서 절차상 하자가 중대하고도 명백하여 무효라고 봄이 타당하다.

07 인허가의제

① 건축허가취소처분취소 대판 2020.7.23, 2019두31839

어떤 개발사업의 시행과 관련하여 인허가의 근거 법령에서 절차간소화를 위하여 관련 인허가를 의제 처리할 수 있는 근거 규정을 둔 경우, 사업시행자가 인허가를 신청하면서 반드시 관련 인허가 의제 처리를 신청할 의무가 있는지 여부(소극)

어떤 개발사업의 시행과 관련하여 여러 개별 법령에서 각각 고유한 목적과 취지를 가지고 요건과 효과를 달리하는 인허가 제도를 각각 규정하고 있다면, 그 개발사업을 시행하기 위해서는 개별 법령에 따른 여러 인허가 절차를 각각 거치는 것이 원칙이다. 다만 어떤 인허가의 근거 법령에서 절차간소화를 위하여 관련 인허가를 의제 처리할 수 있는 근거 규정을 둔 경우에는, 사업시행자가 인허가를 신청하면서 하나의 절차 내에서 관련 인허가를 의제 처리해줄 것을 신청할 수 있다. 관련 인허가 의제 제도는 사업시행자의 이익을 위하여 만들어진 것이므로, 사업시행자가 반드시 관련 인허가 의제 처리를 신청할 의무가 있는 것은 아니다.

중소기업창업 지원법 제35조 제1항, 제4항에서 정한 인허가 의제 제도의 입법 취지 및 관련 인허가 사항에 관한 사전 협의가 이루어지지 않은 채 중소기업창업 지원법 제33조 제3항에서 정한 20일의 처리기간이 지난 날의 다음 날에 사업계획승인처분이 이루어진 것으로 의제된 경우, 창업자는 관련 인허가를 관계 행정청에 별도로 신청하는 절차를 거쳐야 하는지 여부(적극)

중소기업창업 지원법(이하 '중소기업창업법'이라 한다) 제35조 제1항, 제4항에 따르면 시장 등이 사업계획을 승인할 때 제1항 각호에서 정한 관련 인허가에 관하여 소관 행정기관의 장과 협의를 한 사항에 대해서는 관련 인허가를 받은 것으로 본다고 정하고 있다. 이러한 인허가 의제 제도는 목적사업의 원활한 수행을 위해 창구를 단일화하여 행정절차를 간소화하는 데 입법 취지가 있고 목적사업이 관계 법령상 인허가의 실체적 요건을 충족하였는지에 관한 심사를 배제하려는 취지는 아니다. 따라서 시장 등이 사업계획을 승인하기 전에 관계 행정청과 미리 협의한 사항에 한하여 사업계획승인처분을 할 때에 관련 인허가가 의제되는 효과가 발생할 뿐이다.

관련 인허가 사항에 관한 사전 협의가 이루어지지 않은 채 중소기업창업법 제33조 제3항에서 정한 20일의 처리기간이 지난 날의 다음 날에 사업계획승인처분이 이루어진 것으로 의제된다고 하더라도, 창업자는 중소기업창업법에 따른 사업계획승인처분을 받은 지위를 가지게 될 뿐이고 관련 인허가까지 받은 지위를 가지는 것은 아니다. 따라서 창업자는 공장을 설립하기 위해 필요한 관련 인허가를 관계 행정청에 별도로 신청하는 절차를 거쳐야 한다. 만일 창업자가 공장을 설립하기 위해 필요한 국토의 계획 및 이용에 관한 법률에 따른 개발행위허가를 신청하였다가 거부처분이 이루어지고 그에 대하여 제소기간이 도과하는 등의 사유로 더 이상 다툴 수 없는 효력이 발생한다면, 시장 등은 공장설립이 객관적으로 불가능함을 이유로 중소기업창업법에 따른 사업계획승인처분을 직권으로 철회하는 것도 가능하다.

1 개발행위불허가처분등취소

대판 2020.12.24, 2020두46769

1. 가축분뇨의 관리 및 이용에 관한 법률에 따라 가축의 사육을 제한하기 위하여 시장·군수·구청장이 조례가 정하는 바에 따라 일정한 구역을 가축사육 제한구역으로 지정하는 경우, 토지이용규제 기본법에서 정한 바에 따라 지형도면을 작성·고시해야 가축사육 제한구역 지정의 효력이 발생하는지 여부(원칙적 적극)

   가축분뇨의 관리 및 이용에 관한 법률(이하 '가축분뇨법'이라 한다) 제8조 제1항, 토지이용규제 기본법 제2조 제1호, 제5조 제1호 [별표], 제3조, 제8조 제2항 본문, 제3항 본문을 종합하면, 가축분뇨법에 따라 가축의 사육을 제한하기 위해서는 원칙적으로 시장·군수·구청장이 조례가 정하는 바에 따라 일정한 구역을 가축사육 제한구역으로 지정하여 토지이용규제 기본법에서 정한 바에 따라 지형도면을 작성·고시하여야 하고, 이러한 지형도면 작성·고시 전에는 가축사육 제한구역 지정의 효력이 발생하지 아니한다.

2. 토지이용규제 기본법 제8조에 따라 행정청이 지역·지구 등 지정에 따른 지형도면을 작성하여 일정한 장소에 비치한 사실을 관보·공보에 고시하고 그와 동시에 지형도면을 그 장소에 비치하여 일반인이 직접 열람할 수 있는 상태에 놓아둔 경우, 지형도면 자체를 관보·공보에 게재된 고시문에 수록하지 않았더라도 지형도면 고시가 적법하게 이루어진 것인지 여부(적극)

   관보나 공보는 B5(182mm×257mm) 또는 A4(210mm×297mm) 규격으로 제작되어 지형도면을 그대로 수록하기가 어렵고, 만일 이를 축소하여 관보·공보에 수록하게 한다면 지형도면의 축척을 일정 비율로 규정한 취지가 무의미해지는 점 및 토지이용규제법 제8조 제9항이 지형도면 고시 내용을 국토이용정보체계 등 인터넷에 등재하도록 규정함으로써 일반인이 지형도면에 쉽게 접근할 수 있도록 한 점 등을 아울러 감안하면, 토지이용규제법 제8조에 따라 행정청이 지역·지구 등 지정에 따른 지형도면을 작성하여 일정한 장소에 비치한 사실을 관보·공보에 고시하고 그와 동시에 지형도면을 그 장소에 비치하여 일반인이 직접 열람할 수 있는 상태에 놓아두었다면 이로써 지형도면 고시가 적법하게 이루어진 것이라고 보는 것이 옳다.

09 공법상 계약

1 공급자등록취소무효확인등청구

대판 2020.5.28, 2017두66541

계약당사자 사이에서 계약의 적정한 이행을 위하여 일정한 계약상 의무를 위반하는 경우 계약해지, 위약벌이나 손해배상액 약정, 장래 일정 기간의 거래제한 등의 제재조치를 약정하는 것은 상위법령과 법의 일반원칙에 위배되지 않는 범위에서 허용되며, 그러한 계약에 따른 제재조치는 법령에 근거한 공권력의 행사로서의 제재처분과는 법적 성질을 달리한다.

그러나 공공기관의 어떤 제재조치가 계약에 따른 제재조치에 해당하려면 일정한 사유가 있을 때 그러한 제재조치를 할 수 있다는 점을 공공기관과 그 거래상대방이 미리 구체적으로 약정하였어야 한다. 공공기관이 여러 거래업체들과의 계약에 적용하기 위하여 거래업체가 일정한 계약상 의무를 위반하는 경우 장래 일정 기간의 거래제한 등의 제재조치를 할 수 있다는 내용을 계약특수조건 등의 일정한 형식으로 미리 마련하였다고 하더라도, 약관의 규제에 관한 법률 제3조에서 정한 바와 같이 계약상 대방에게 그 중요 내용을 미리 설명하여 계약내용으로 편입하는 절차를 거치지 않았다면 계약의 내용으로 주장할 수 없다.

2 입찰참가자격제한처분취소

대판 2021.11.11, 2021두43491

1. 침익적 행정처분의 근거가 되는 행정법규의 해석 원칙

침익적 행정처분은 상대방의 권익을 제한하거나 상대방에게 의무를 부과하는 것이므로 헌법상 요구되는 명확성의 원칙에 따라 그 근거가 되는 행정법규를 더욱 엄격하게 해석·적용해야 하고, 행정처분의 상대방에게 지나치게 불리한 방향으로 확대해석이나 유추해석을 해서는 안 된다.

2. 공기업·준정부기관이 입찰을 거쳐 계약을 체결한 상대방에 대해 공공기관의 운영에 관한 법률 제39조 제2항 등에 따라 계약조건 위반을 이유로 입찰참가자격제한처분을 하기 위해서는 입찰공고와 계약서에 미리 계약조건과 그 계약조건을 위반할 경우 입찰참가자격 제한을 받을 수 있다는 사실을 모두 명시해야 하는지 여부(적극)

공기업·준정부기관이 입찰을 거쳐 계약을 체결한 상대방에 대해 위 규정들에 따라 계약조건 위반을 이유로 입찰참가자격 제한처분을 하기 위해서는 입찰공고와 계약서에 미리 계약조건과 그 계약조건을 위반할 경우 입찰참가자격 제한을 받을 수 있다는 사실을 모두 명시해야 한다. 계약상대방이 입찰공고와 계약서에 기재되어 있는 계약조건을 위반한 경우에도 공기업·준정부기관이 입찰공고와 계약서에 미리 그 계약조건을 위반할 경우 입찰참가자격이 제한될 수 있음을 명시해 두지 않았다면, 위 규정들을 근거로 입찰참가자격제한처분을 할 수 없다.

10 행정절차

1 조치명령무효확인

대판 2020.7.23, 2017두66602

행정절차법 시행령 제13조 제2호에서 정한 "법원의 재판 또는 준사법적 절차를 거치는 행정기관의 결정 등에 따라 처분의 전제가 되는 사실이 객관적으로 증명되어 처분에 따른 의견청취가 불필요하다고 인정되는 경우"의 의미 및 처분의 전제가 되는 '일부' 사실만 증명된 경우이거나 의견청취에 따라 행정청의 처분 여부나 처분 수위가 달라질 수 있는 경우, 위 예외사유에 해당하는지 여부(소극)

행정절차법 제21조, 제22조, 행정절차법 시행령 제13조의 내용을 행정절차법의 입법 목적과 의견청취 제도의 취지에 비추어 종합적·체계적으로 해석하면, 행정절차법 시행령 제13조 제2호에서 정한 "법원의 재판 또는 준사법적 절차를 거치는 행정기관의 결정 등에 따라 처분의 전제가 되는 사실이 객관적으로 증명되어 처분에 따른 의견청취가 불필요하다고 인정되는 경우"는 법원의 재판 등에 따라 처분의 전제가 되는 사실이 객관적으로 증명되면 행정청이 반드시 일정한 처분을 해야 하는 경우 등 의견청취가 행정청의 처분 여부나 그 수위 결정에 영향을 미치지 못하는 경우를 의미한다고 보아야 한다. 처분의 전제가 되는 '일부' 사실만 증명된 경우이거나 의견청취에 따라 행정청의 처분 여부나 처분 수위가 달라질 수 있는 경우라면 위 예외사유에 해당하지 않는다.

2 폐기물처리사업계획부적합통보처분취소

대판 2020.7.23, 2020두36007

행정절차법 제17조 제5항이 행정청으로 하여금 신청에 대하여 거부처분을 하기 전에 반드시 신청인에게 신청의 내용이나 처분의 실체적 발급요건에 관한 사항까지 보완할 기회를 부여하여야 할 의무를 정한 것인지 여부(소극)

행정절차법 제17조에 따르면, 행정청은 신청에 구비서류의 미비 등 흠이 있는 경우에는 보완에 필요한 상당한 기간을 정하여 지체 없이 신청인에게 보완을 요구하여야 하고(제5항), 신청인이 그 기간 내에 보완을 하지 않았을 때에는 그 이유를 구체적으로 밝혀 접수된 신청을 되돌려 보낼 수 있으며(제6항), 신청인은 처분이 있기 전에는 그 신청의 내용을 보완·변경하거나 취하할 수 있다(제8항 본문).

이처럼 행정절차법 제17조가 '구비서류의 미비 등 흠의 보완'과 '신청 내용의 보완'을 분명하게 구분하고 있는 점에 비추어 보면, 행정절차법 제17조 제5항은 신청인이 신청할 때 관계 법령에서 필수적으로 첨부하여 제출하도록 규정한 서류를 첨부하지 않은 경우와 같이 쉽게 보완이 가능한 사항을 누락하는 등의 흠이 있을 때 행정청이 곧바로 거부처분을 하는 것보다는 신청인에게 보완할 기회를 주도록 함으로써 행정의 공정성·투명성 및 신뢰성을 확보하고 국민의 권익을 보호하려는 행정절차법의 입법 목적을 달성하고자 함이지, 행정청으로 하여금 신청에 대하여 거부처분을 하기 전에 반드시 신청인에게 신청의 내용이나 처분의 실체적 발급요건에 관한 사항까지 보완할 기회를 부여하여야 할 의무를 정한 것은 아니라고 보아야 한다.

1. **행정청이 행정절차법 제20조 제1항의 처분기준 사전공표 의무를 위반하여 미리 공표하지 아니한 기준을 적용하여 처분을 하였다는 사정만으로 해당 처분에 취소사유에 이를 정도의 흠이 존재하는지 여부(소극)**

행정청이 행정절차법 제20조 제1항에 따라 정하여 공표한 처분기준은, 그것이 해당 처분의 근거 법령에서 구체적 위임을 받아 제정·공포되었다는 특별한 사정이 없는 한, 원칙적으로 대외적 구속력이 없는 행정규칙에 해당한다. 처분이 적법한지는 행정규칙에 적합한지 여부가 아니라 상위법령의 규정과 입법 목적 등에 적합한지 여부에 따라 판단해야 한다. 처분이 행정규칙을 위반하였다고 하여 그러한 사정만으로 곧바로 위법하게 되는 것은 아니고, 처분이 행정규칙을 따른 것이라고 하여 적법성이 보장되는 것도 아니다. 행정청이 미리 공표한 기준, 즉 행정규칙을 따랐는지 여부가 처분의 적법성을 판단하는 결정적인 지표가 되지 못하는 것과 마찬가지로, 행정청이 미리 공표하지 않은 기준을 적용하였는지 여부도 처분의 적법성을 판단하는 결정적인 지표가 될 수 없다.

2. **행정청이 관계 법령의 규정이나 자체적인 판단에 따라 처분상대방에게 특정한 권리나 이익 또는 지위 등을 부여한 후 일정한 기간마다 심사하여 갱신 여부를 판단하는 이른바 '갱신제'를 채택하여 운용하는 경우, 처분상대방은 갱신 여부에 관하여 합리적인 기준에 의한 공정한 심사를 요구할 권리를 가지는지 여부(적극) / 사전에 공표한 심사기준을 심사대상기간이 이미 경과하였거나 상당 부분 경과한 시점에서 처분상대방의 갱신 여부를 좌우할 정도로 중대하게 변경하는 것이 허용되는지 여부(원칙적 소극)**

행정청이 관계 법령의 규정이나 자체적인 판단에 따라 처분상대방에게 특정한 권리나 이익 또는 지위 등을 부여한 후 일정한 기간마다 심사하여 갱신 여부를 판단하는 이른바 '갱신제'를 채택하여 운용하는 경우에는, 처분상대방은 합리적인 기준에 의한 공정한 심사를 받아 그 기준에 부합되면 특별한 사정이 없는 한 갱신되리라는 기대를 가지고 갱신 여부에 관하여 합리적인 기준에 의한 공정한 심사를 요구할 권리를 가진다.

사전에 공표한 심사기준 중 경미한 사항을 변경하거나 다소 불명확하고 추상적이었던 부분을 명확하게 하거나 구체화하는 정도를 뛰어넘어, 심사대상기간이 이미 경과하였거나 상당 부분 경과한 시점에서 처분상대방의 갱신 여부를 좌우할 정도로 중대하게 변경하는 것은 갱신제의 본질과 사전에 공표된 심사기준에 따라 공정한 심사가 이루어져야 한다는 요청에 정면으로 위배되는 것이므로, 갱신제 자체를 폐지하거나 갱신상대방의 수를 종전보다 대폭 감축할 수밖에 없도록 만드는 중대한 공익상 필요가 인정되거나 관계 법령이 제·개정되었다는 등의 특별한 사정이 없는 한, 허용되지 않는다.

11 과징금

1 위반차량감차처분취소

1. 구 화물자동차 운수사업법 시행령 제5조 제1항 [별표 1] 제재처분기준 제2호 및 비고 제4호에서 정한 '위반행위의 횟수에 따른 가중처분기준'의 취지 / '위반행위 횟수에 따른 가중처분기준'이 적용되기 위한 요건 및 선행 위반행위에 대한 선행 제재처분이 반드시 위 시행령 [별표 1] 제재처분기준 제2호에 명시된 처분내용대로 이루어진 경우이어야 하는지 여부(소극)

구 화물자동차 운수사업법 시행령 제5조 제1항 [별표 1] 제재처분기준 제2호 및 비고 제4호에서 정한 '위반행위의 횟수에 따른 가중처분기준'은 위반행위에 따른 제재처분을 받았음에도 또다시 같은 내용의 위반행위를 반복하는 경우에 더욱 중하게 처벌하려는 데에 취지가 있다. 이러한 제도의 취지와 구 시행령 [별표 1] 비고 제4호의 문언을 종합하면, '위반행위의 횟수에 따른 가중처분기준'이 적용되려면 실제 선행 위반행위가 있고 그에 대하여 유효한 제재처분이 이루어졌음에도 그 제재처분일로부터 1년 이내에 다시 같은 내용의 위반행위가 적발된 경우이면 족하다고 보아야 한다. 선행 위반행위에 대한 선행 제재처분이 반드시 구 시행령 [별표 1] 제재처분기준 제2호에 명시된 처분내용대로 이루어진 경우이어야 할 필요는 없으며, 선행 제재처분에 처분의 종류를 잘못 선택하거나 처분양정에서 재량권을 일탈·남용한 하자가 있었던 경우라고 해서 달리 볼 것은 아니다.

2. 화물자동차 운수사업법 제21조 제2항의 위임에 따라 사업정지처분을 갈음하여 과징금을 부과할 수 있는 위반행위의 종류와 과징금의 금액을 정한 구 화물자동차 운수사업법 시행령 제7조 제1항 [별표 2] '과징금을 부과하는 위반행위의 종류와 과징금의 금액'에 열거되지 않은 위반행위의 종류에 대해서 사업정지처분을 갈음하여 과징금을 부과할 수 있는지 여부(소극)

화물자동차 운송사업자가 화물자동차 운수사업법 제19조 제1항 각호에서 정한 사업정지처분사유에 해당하는 위반행위를 한 경우에는 화물자동차법 제19조 제1항에 따라 사업정지처분을 하는 것이 원칙이다. 다만 입법자는 화물자동차 운송사업자에 대하여 사업정지처분을 하는 것이 운송사업의 이용자에게 불편을 주거나 그 밖에 공익을 해칠 우려가 있으면 대통령령으로 정하는 바에 따라 사업정지처분을 갈음하여 과징금을 부과할 수 있도록 허용하고 있다. 이처럼 입법자는 대통령령에 단순히 '과징금의 산정기준'을 구체화하는 임무만을 위임한 것이 아니라, 사업정지처분을 갈음하여 과징금을 부과할 수 있는 '위반행위의 종류'를 구체화하는 임무까지 위임한 것이라고 보아야 한다. 따라서 구 화물자동차 운수사업법 시행령 제7조 제1항 [별표 2] '과징금을 부과하는 위반행위의 종류와 과징금의 금액'에 열거되지 않은 위반행위의 종류에 대해서 사업정지처분을 갈음하여 과징금을 부과하는 것은 허용되지 않는다고 보아야 한다.

2 시정명령등취소

1. '입찰담합 및 이와 유사한 행위'에 의한 부당한 공동행위에 대하여 과징금을 부과하는 경우, '계약금액'이 과징금의 기본 산정기준이 되는지 여부(적극) 및 이는 낙찰자 또는 낙찰예정자를 미리 정하는 내용의 담합에 참여하였으나 낙찰을 받지 못한 사업자에 대하여도 마찬가지로 적용되는지 여부(적극) / 사업자들이 수 개의 입찰방식 거래와 관련하여 각자의 거래지역을 제한하는 합의를 하고 그 합의를 실행하기 위하여 개별입찰에 관한 입찰담합에까지 나아간 경우, 각 사업자가 입찰담합의 당사자로 가담한 각 개별입찰에서의 계약금액을 기초로 과징금을 산정할 수 있는지 여부(적극)

독점규제 및 공정거래에 관한 법률 제22조, 구 독점규제 및 공정거래에 관한 법률 시행령(2014. 2. 11. 대통령령 제25173호로 개정되기 전의 것, 이하 '구 공정거래법 시행령'이라 한다) 제9조 제1항, 제61조 제1항 [별표 2] 제2호 (가)목 3) 가) 본문의 내용 및 문언에 의하면, 입찰담합 및 이와 유사한 행위에서 과징금의 상한은 '계약금액에 100분의 10을 곱한 금액'이 되고, 이때 '계약금액'은 과징금의 기본 산정기준이 되며, 이는 입찰담합에 의하여 낙찰을 받고 계약을 체결한 사업자뿐만 아니라 낙찰자 또는 낙찰예정자를 미리 정하는 내용의 담합에 참여하였으나 낙찰을 받지 못한 사업자에 대하여도 마찬가지로 적용된다.

한편 사업자들이 수 개의 입찰방식 거래와 관련하여 각자의 거래지역을 제한하는 합의(이하 '지역분할 합의'라 한다)를 한 경우, 그러한 지역분할 합의가 있다는 사정만으로 곧바로 관련된 모든 입찰방식 거래의 계약금액 합계액을 기준으로 기본 과징금을 산정할 수 있는 것은 아니지만, 위와 같은 지역분할 합의를 실행하기 위하여 개별입찰에 관한 입찰담합에까지 나아갔다면 구 공정거래법 시행령 제9조 제1항 단서, 제61조 제1항 [별표 2]에 따라 각 사업자가 입찰담합의 당사자로 가담한 각 개별입찰에서의 계약금액을 기초로 하여 과징금을 산정할 수 있다.

2. 공정거래위원회가 입찰담합에 관한 과징금의 기본 산정기준이 되는 '계약금액'을 재량에 따라 결정할 수 있는지 여부(소극)

공정거래위원회는 독점규제 및 공정거래에 관한 법률(이하 '공정거래법'이라 한다)상 과징금 상한의 범위 내에서 과징금 부과 여부 및 과징금 액수를 정할 재량을 가지고 있다. 그러나 공정거래법 제22조는 공정거래위원회가 부당한 공동행위를 행한 사업자에 대하여 '대통령령이 정하는 매출액'에 100분의 10을 곱한 금액(매출액이 없는 경우 등에는 20억 원)을 초과하지 아니하는 한도 내에서 과징금을 부과할 수 있도록 정하고 있고, 그 위임에 따라 구 독점규제 및 공정거래에 관한 법률 시행령(2014. 2. 11. 대통령령 제25173호로 개정되기 전의 것) 제9조 제1항은 본문에서 "공정거래법 제22조에서 '대통령령이 정하는 매출액'이란 위반사업자가 위반기간 동안 일정한 거래분야에서 판매한 관련 상품이나 용역의 매출액 또는 이에 준하는 금액을 말한다."라고 정하면서, 그 단서에서 "다만 입찰담합 및 이와 유사한 행위인 경우에는 계약금액을 말한다."라고 정하고 있다. 따라서 입찰담합에 관한 과징금의 기본 산정기준이 되는 '계약금액'은 위와 같은 법령의 해석을 통하여 산정되는 것이지 공정거래위원회가 재량에 따라 결정할 수 있는 것이 아니다

3 감면거부처분취소

공정거래위원회가 공동행위 외부자의 제보에 따라 필요한 증거를 충분히 확보한 이후 증거를 제공한 공동행위 참여자가 과징금 등 감면 대상자인 1순위 또는 2순위 조사협조자가 될 수 있는지 여부(소극)

공정거래법령이 조사협조자 감면제도를 둔 취지와 목적은, 부당한 공동행위에 참여한 사업자가 자발적으로 부당한 공동행위 조사에 협조하여 증거자료를 제공한 것에 대한 혜택을 부여함으로써 참여사업자들 사이에 신뢰를 약화시켜 부당한 공동행위를 중지·예방함과 동시에, 실제 집행단계에서는 공정거래위원회로 하여금 부당공동행위를 보다 쉽게 적발하고 증거를 수집할 수 있도록 하여 은밀하게 이루어지는 부당공동행위에 대한 제재의 실효성을 확보하려는 데에 있다. 이와 같은 감면제도의 취지와 목적에 비추어 보면, 공정거래위원회가 이미 부당한 공동행위에 대한 정보를 입수하고 이를 증명하는 데 필요한 증거를 충분히 확보한 이후에는 '조사협조자'가 성립할 수 없고, 이는 1순위는 물론 2순위의 경우에도 마찬가지이다. 공정거래법령이 1순위와 2순위 조사협조자를 구분하여 규정하고 있으나, 이는 조사협조자들 중 '최초로 증거를 제공한 자'뿐만 아니라 '두 번째로 증거를 제공한 자'까지 감면을 허용하고자 하는 취지일 뿐, 이로써 1순위와 관계없는 별개의 독립적인 2순위라는 지위가 만들어져 1순위 조사협조자가 없는데도 2순위 조사협조자가 성립할 수 있게 되는 것은 아니다.

1. 여객자동차운수사업자가 범한 여러 가지 위반행위에 대하여 관할 행정청이 사업정지처분을 갈음하는 과징금 부과처분을 하기로 선택하는 경우, 여러 가지 위반행위에 대하여 1회에 부과할 수 있는 과징금 총액의 최고한도액(=5,000만 원) 및 관할 행정청이 여객자동차운송사업자의 여러 가지 위반행위를 인지한 경우, 인지한 여러 가지 위반행위 중 일부에 대해서만 우선 과징금 부과처분을 하고 나머지에 대해서는 차후에 별도의 과징금 부과처분을 할 수 있는지 여부(원칙적 소극)

위반행위가 여러 가지인 경우에 행정처분의 방식과 한계를 정한 관련 규정들의 내용과 취지에다가, 여객자동차운수사업자가 범한 여러 가지 위반행위에 대하여 관할 행정청이 구 여객자동차 운수사업법(2020. 3. 24. 법률 제17091호로 개정되기 전의 것) 제85조 제1항 제12호에 근거하여 사업정지처분을 하기로 선택한 이상 각 위반행위의 종류와 위반 정도를 불문하고 사업정지처분의 기간은 6개월을 초과할 수 없는 점을 종합하면, 관할 행정청이 사업정지처분을 갈음하는 과징금 부과처분을 하기로 선택하는 경우에도 사업정지처분의 경우와 마찬가지로 여러 가지 위반행위에 대하여 1회에 부과할 수 있는 과징금 총액의 최고한도액은 5,000만 원이라고 보는 것이 타당하다. 관할 행정청이 여객자동차운송사업자의 여러 가지 위반행위를 인지하였다면 전부에 대하여 일괄하여 5,000만 원의 최고한도 내에서 하나의 과징금 부과처분을 하는 것이 원칙이고, 인지한 여러 가지 위반행위 중 일부에 대해서만 우선 과징금 부과처분을 하고 나머지에 대해서는 차후에 별도의 과징금 부과처분을 하는 것은 다른 특별한 사정이 없는 한 허용되지 않는다. 만약 행정청이 여러 가지 위반행위를 인지하여 그 전부에 대하여 일괄하여 하나의 과징금 부과처분을 하는 것이 가능하였음에도 임의로 몇 가지로 구분하여 각각 별도의 과징금 부과처분을 할 수 있다고 보게 되면, 행정청이 여러 가지 위반행위에 대하여 부과할 수 있는 과징금의 최고한도액을 정한 구 여객자동차 운수사업법 시행령 제46조 제2항의 적용을 회피하는 수단으로 악용될 수 있기 때문이다.

2. 관할 행정청이 여객자동차운송사업자가 범한 여러 가지 위반행위 중 일부만 인지하여 과징금 부과처분을 한 후 그 과징금 부과처분 시점 이전에 이루어진 다른 위반행위를 인지하여 이에 대하여 별도의 과징금 부과처분을 하게 되는 경우, 추가 과징금 부과처분의 과징금액을 산정하는 방법

관할 행정청이 여객자동차운송사업자가 범한 여러 가지 위반행위 중 일부만 인지하여 과징금 부과처분을 하였는데 그 후 과징금 부과처분 시점 이전에 이루어진 다른 위반행위를 인지하여 이에 대하여 별도의 과징금 부과처분을 하게 되는 경우에도 종전 과징금 부과처분의 대상이 된 위반행위와 추가 과징금 부과처분의 대상이 된 위반행위에 대하여 일괄하여 하나의 과징금 부과처분을 하는 경우와의 형평을 고려하여 추가 과징금 부과처분의 처분양정이 이루어져야 한다. 다시 말해, 행정청이 전체 위반행위에 대하여 하나의 과징금 부과처분을 할 경우에 산정되었을 정당한 과징금액에서 이미 부과된 과징금액을 뺀 나머지 금액을 한도로 하여서만 추가 과징금 부과처분을 할 수 있다. 행정청이 여러 가지 위반행위를 언제 인지하였느냐는 우연한 사정에 따라 처분상대방에게 부과되는 과징금의 총액이 달라지는 것은 그 자체로 불합리하기 때문이다.

12 손해배상

공법인이 국가로부터 위탁받은 공행정사무를 집행하는 과정에서 공법인의 임직원이나 피용인이 고의 또는 과실로 법령을 위반하여 타인에게 손해를 입힌 경우, 공법인의 임직원이나 피용인은 고의 또는 중과실이 있는 경우에만 배상책임을 부담하는지 여부(적극) / 공무원의 '중과실'의 의미

공법인이 국가로부터 위탁받은 공행정사무를 집행하는 과정에서 공법인의 임직원이나 피용인이 고의 또는 과실로 법령을 위반하여 타인에게 손해를 입힌 경우에는, 공법인은 위탁받은 공행정사무에 관한 행정주체의 지위에서 배상책임을 부담하여야 하지만, 공법인의 임직원이나 피용인은 실질적인 의미에서 공무를 수행한 사람으로서 국가배상법 제2조에서 정한 공무원에 해당하므로 고의 또는 중과실이 있는 경우에만 배상책임을 부담하고 경과실이 있는 경우에는 배상책임을 면한다. 피고 협회는 변호사와 지방변호사회의 지도·감독에 관한 사무를 처리하기 위하여 변호사법에 의하여 설립된 공법인으로서, 변호사등록은 피고 협회가 변호사법에 의하여 국가로부터 위탁받아 수행하는 공행정사무에 해당한다. 따라서 피고 2는 대한변호사협회의 장으로서 국가로부터 위탁받은 공행정사무인 '변호사등록에 관한 사무'를 수행하는 범위 내에서는 국가배상법 제2조에서 정한 공무원에 해당한다.

한편 공무원의 중과실이란 공무원에게 통상 요구되는 정도의 상당한 주의를 하지 않더라도 약간의 주의를 한다면 손쉽게 위법·유해한 결과를 예견할 수 있는 경우임에도 만연히 이를 간과한 경우와 같이, 거의 고의에 가까운 현저한 주의를 결여한 상태를 의미한다.

갑이 선고유예 판결의 확정으로 변호사등록이 취소되었다가 선고유예기간이 경과한 후 대한변호사협회에 변호사 등록신청을 하였는데, 협회장 을이 등록심사위원회에 갑에 대한 변호사등록 거부 안건을 회부하여 소정의 심사과정을 거쳐 대한변호사협회가 갑의 변호사등록을 마쳤고, 이에 갑이 대한변호사협회 및 협회장 乙을 상대로 변호사 등록거부사유가 없음에도 위법하게 등록심사위원회에 회부되어 변호사등록이 2개월간 지연되었음을 이유로 손해배상을 구한 사안에서, 대한변호사협회는 을 및 등록심사위원회 위원들이 속한 행정주체의 지위에서 갑에게 변호사등록이 위법하게 지연됨으로 인하여 얻지 못한 수입 상당액의 손해를 배상할 의무가 있는 반면, 乙은 경과실 공무원의 면책 법리에 따라 甲에 대한 배상책임을 부담하지 않는다고 한 사례

군 복무 중 사망한 사람의 유족이 국가배상을 받은 경우, 국가보훈처장 등이 사망보상금에서 정신적 손해배상금까지 공제할 수 있는지 문제 된 사안에서, 사망보상금에서 소극적 손해배상금 상당액을 공제할 수 있을 뿐 이를 넘어 정신적 손해배상금까지 공제할 수 없다고 한 사례

군 복무 중 사망한 사람의 유족이 국가배상을 받은 경우, 국가보훈처장 등이 사망보상금에서 정신적 손해배상금까지 공제할 수 있는지 문제 된 사안에서, 구 군인연금법이 정하고 있는 급여 중 사망보상금은 일실손해의 보전을 위한 것으로 불법행위로 인한 소극적 손해배상과 같은 종류의 급여이므로, 군 복무 중 사망한 사람의 유족이 국가배상을 받은 경우 국가보훈처장 등은 사망보상금에서 소극적 손해배상금 상당액을 공제할 수 있을 뿐, 이를 넘어 정신적 손해배상금까지 공제할 수 없다고 한 사례

13 손실보상

1 손실보상금

1. 재개발조합이 구 도시 및 주거환경정비법에 따른 협의 또는 수용절차를 거치지 않고 현금청산대상자를 상대로 토지 또는 건축물의 인도를 구할 수 있는지 여부(소극)

구 도시 및 주거환경정비법 제49조 제6항 본문은 '관리처분계획에 대한 인가·고시가 있은 때에는 종전의 토지 또는 건축물의 소유자·지상권자·전세권자·임차권자 등 권리자는 제54조의 규정에 의한 이전의 고시가 있는 날까지 종전의 토지 또는 건축물에 대하여 이를 사용하거나 수익할 수 없다.'고 규정하면서, 같은 항 단서는 사업시행자의 동의를 받거나 공익사업을 위한 토지 등의 취득 및 보상에 관한 법률(이하 '토지보상법'이라 한다)에 따른 손실보상이 완료되지 않은 경우에는 종전 권리자로 하여금 그 소유의 토지 등을 사용·수익할 수 있도록 허용하고 있다. 그리고 구 도시정비법 제38조, 제40조 제1항, 제47조의 규정 내용에다가 사전보상원칙을 규정하고 있는 토지보상법 제62조까지 종합하면, 재개발조합이 공사에 착수하기 위하여 조합원이 아닌 현금청산대상자로부터 그 소유의 정비구역 내 토지 또는 건축물을 인도받기 위해서는 관리처분계획이 인가·고시된 것만으로는 부족하고 나아가 구 도시정비법이 정하는 바에 따라 협의 또는 수용절차를 거쳐야 하며, 협의 또는 수용절차를 거치지 아니한 때에는 구 도시정비법 제49조 제6항의 규정에도 불구하고 현금청산대상자를 상대로 토지 또는 건축물의 인도를 구할 수 없다고 보는 것이 국민의 재산권을 보장하는 헌법합치적 해석이다. 만일 재개발조합과 현금청산대상자 사이에 현금청산금에 관한 협의가 성립된다면 조합의 현금청산금 지급의무와 현금청산대상자의 토지 등 인도의무는 특별한 사정이 없는 한 동시이행의 관계에 있게 되고, 수용절차에 의할 때에는 부동산 인도에 앞서 현금청산금 등의 지급절차가 이루어져야 한다.

2. 구 도시 및 주거환경정비법 제47조에서 정한 현금청산금 지급 지체에 따른 지연이자 청구권과 공익사업을 위한 토지 등의 취득 및 보상에 관한 법률 제30조에서 정한 재결신청 지연가산금 청구권이 별개의 청구권인지 여부 (적극) 및 토지 등 소유자가 같은 기간에 대하여 성립한 위 두 가지 청구권을 동시에 행사할 수 있는지 여부(소극)

구 도시 및 주거환경정비법(2012. 2. 1. 법률 제11293호로 개정되기 전의 것) 제47조에서 정한 현금청산금 지급 지체에 따른 지연이자 청구권과 공익사업을 위한 토지 등의 취득 및 보상에 관한 법률 제30조에서 정한 재결신청 지연가산금 청구권은 근거 규정과 요건·효과를 달리하는 것으로서, 각 요건이 충족되면 성립하는 별개의 청구권이다. 다만 재결신청 지연가산금에는 이미 '손해 전보'라는 요소가 포함되어 있어 같은 기간에 대하여 양자의 청구권을 동시에 행사할 수 있다고 본다면 이중배상의 문제가 발생하므로, 같은 기간에 대하여 양자의 청구권이 동시에 성립하더라도 토지 등 소유자는 어느 하나만을 선택적으로 행사할 수 있을 뿐이고, 양자의 청구권을 동시에 행사할 수는 없다.

14 항고소송

1 영업정지처분취소
대판 2020.5.14, 2019두63515

행정청이 여러 개의 위반행위에 대하여 하나의 제재처분을 하였으나, 위반행위별로 제재처분의 내용을 구분하는 것이 가능하고 여러 개의 위반행위 중 일부의 위반행위에 대한 제재처분 부분만이 위법하다면, 법원은 그 제재처분 중 위법성이 인정되는 부분만 취소하여야 하고 그 제재처분 전부를 취소하여서는 아니 된다.

2 공급자등록취소무효확인등청구
대판 2020.5.28, 2017두66541

1. 한국전력공사가 그 주식 100%를 보유하고 있으며, 공공기관운영법 제5조 제3항 제1호에 따라 '시장형 공기업'으로 지정·고시된 '공공기관'이다. 한국수력원자력 주식회사는 공공기관운영법에 따른 '공기업'으로 지정됨으로써 공공기관운영업 제39조 제2항에 따라 입찰참가자격제한처분을 할 수 있는 권한을 부여받았으므로 '법령에 따라 행정처분권한을 위임받은 공공기관'으로서 행정청에 해당한다.

2. 한국수력원자력 주식회사가 자신의 '공급자관리지침'에 근거하여 등록된 공급업체에 대하여 하는 '등록취소 및 그에 따른 일정 기간의 거래제한조치'는 행정청이 행하는 구체적 사실에 관한 법집행으로서의 공권력의 행사인 '처분'에 해당한다.

1. 처분의 근거나 법적인 효과가 행정규칙에 규정되어 있는 경우, 항고소송의 대상이 되는 행정처분에 해당하기 위한 요건 / 검찰총장이 검사에 대하여 하는 '경고조치'가 항고소송의 대상이 되는 처분인지 여부(적극)

　　검사에 대한 경고조치 관련 규정을 위 법리에 비추어 살펴보면, 검찰총장이 사무검사 및 사건평정을 기초로 대검찰청 자체감사규정 제23조 제3항, 검찰공무원의 범죄 및 비위 처리지침 제4조 제2항 제2호 등에 근거하여 검사에 대하여 하는 '경고조치'는 일정한 서식에 따라 검사에게 개별 통지를 하고 이의신청을 할 수 있으며, 검사가 검찰총장의 경고를 받으면 1년 이상 감찰관리 대상자로 선정되어 특별관리를 받을 수 있고, 경고를 받은 사실이 인사자료로 활용되어 복무평정, 직무성과금 지급, 승진·전보인사에서도 불이익을 받게 될 가능성이 높아지며, 향후 다른 징계사유로 징계처분을 받게 될 경우에 징계양정에서 불이익을 받게 될 가능성이 높아지므로, 검사의 권리 의무에 영향을 미치는 행위로서 항고소송의 대상이 되는 처분이라고 보아야 한다.

2. 검찰총장의 경고처분의 성격 및 검사의 직무상 의무 위반의 정도가 중하지 않아 검사징계법에 따른 '징계사유'에 해당하지 않더라도 징계처분보다 낮은 수준의 감독조치로서 '경고처분'을 할 수 있는지 여부(적극) / 이때 법원은 이를 존중해야 하는지 여부(원칙적 적극)

　　검찰청법 제7조 제1항, 제12조 제2항, 검사징계법 제2조, 제3조 제1항, 제7조 제1항, 대검찰청 자체감사규정 제23조 제2항, 제3항, 사건평정기준 제2조 제1항 제2호, 제5조, 검찰공무원의 범죄 및 비위 처리지침 제4조 제2항 제2호, 제3항 [별표 1] 징계양정기준, 제4항, 제5항 등 관련 규정들의 내용과 체계 등을 종합하여 보면, 검찰총장의 경고처분은 검사징계법에 따른 징계처분이 아니라 검찰청법 제7조 제1항, 제12조 제2항에 근거하여 검사에 대한 직무감독권을 행사하는 작용에 해당하므로, 검사의 직무상 의무 위반의 정도가 중하지 않아 검사징계법에 따른 '징계사유'에는 해당하지 않더라도 징계처분보다 낮은 수준의 감독조치로서 '경고처분'을 할 수 있고, 법원은 그것이 직무감독권자에게 주어진 재량권을 일탈·남용한 것이라는 특별한 사정이 없는 한 이를 존중하는 것이 바람직하다.

행정처분의 무효 확인 또는 취소를 구하는 소송계속 중 해당 행정처분이 기간의 경과 등으로 효과가 소멸한 때에 처분이 취소되어도 원상회복은 불가능하더라도 예외적으로 처분의 취소를 구할 소의 이익을 인정할 수 있는 경우 및 그 예외 중 하나인 '그 행정처분과 동일한 사유로 위법한 처분이 반복될 위험성이 있는 경우'의 의미

여기에서 '그 행정처분과 동일한 사유로 위법한 처분이 반복될 위험성이 있는 경우'란 불분명한 법률문제에 대한 해명이 필요한 상황에 대한 대표적인 예시일 뿐이며, 반드시 '해당 사건의 동일한 소송 당사자 사이에서' 반복될 위험이 있는 경우만을 의미하는 것은 아니다.

제재처분에 대한 행정쟁송절차에서 처분에 대해 집행정지결정이 이루어지고 본안에서 해당 처분이 최종적으로 적법한 것으로 확정되어 집행정지결정이 실효되고 제재처분을 다시 집행할 수 있게 된 경우 및 반대로 처분상대방이 집행정지결정을 받지 못했으나 본안소송에서 해당 제재처분이 위법하다는 것이 확인되어 취소하는 판결이 확정된 경우, 처분청이 취할 조치

집행정지결정의 효력은 결정 주문에서 정한 기간까지 존속하다가 그 기간이 만료되면 장래에 향하여 소멸한다. 집행정지결정은 처분의 집행으로 회복하기 어려운 손해를 예방하기 위하여 긴급한 필요가 있고 달리 공공복리에 중대한 영향을 미치지 않을 것을 요건으로 하여 본안판결이 있을 때까지 해당 처분의 집행을 잠정적으로 정지함으로써 위와 같은 손해를 예방하는 데 취지가 있으므로, 항고소송을 제기한 원고가 본안소송에서 패소확정판결을 받았더라도 집행정지결정의 효력이 소급하여 소멸하지 않는다.

그러나 제재처분에 대한 행정쟁송절차에서 처분에 대해 집행정지결정이 이루어졌더라도 본안에서 해당 처분이 최종적으로 적법한 것으로 확정되어 집행정지결정이 실효되고 제재처분을 다시 집행할 수 있게 되면, 처분청으로서는 당초 집행정지결정이 없었던 경우와 동등한 수준으로 해당 제재처분이 집행되도록 필요한 조치를 취하여야 한다. 집행정지는 행정쟁송절차에서 실효적 권리구제를 확보하기 위한 잠정적 조치일 뿐이므로, 본안 확정판결로 해당 제재처분이 적법하다는 점이 확인되었다면 제재처분의 상대방이 잠정적 집행정지를 통해 집행정지가 이루어지지 않은 경우와 비교하여 제재를 덜 받게 되는 결과가 초래되도록 해서는 안 된다. 반대로, 처분상대방이 집행정지결정을 받지 못했으나 본안소송에서 해당 제재처분이 위법하다는 것이 확인되어 취소하는 판결이 확정되면, 처분청은 그 제재처분으로 처분상대방에게 초래된 불이익한 결과를 제거하기 위하여 필요한 조치를 취하여야 한다.

폐기물 중간처분업체인 갑 주식회사가 소각시설을 허가받은 내용과 달리 설치하거나 증설한 후 허가받은 처분능력의 100분의 30을 초과하여 폐기물을 과다소각하였다는 이유로 한강유역환경청장으로부터 과징금 부과처분을 받았는데, 갑 회사가 이를 취소해 달라고 제기한 소송에서 한강유역환경청장이 '갑 회사는 변경허가를 받지 않은 채 소각시설을 무단 증설하여 과다소각하였으므로 구 폐기물관리법 시행규칙 제29조 제1항 제2호 (마)목 등 위반에 해당한다'고 주장하자 갑 회사가 이는 허용되지 않는 처분사유의 추가·변경에 해당한다고 주장한 사안에서, 한강유역환경청장의 위 주장은 소송에서 새로운 처분사유를 추가로 주장한 것이 아니라, 처분서에 다소 불명확하게 기재하였던 '당초 처분사유'를 좀 더 구체적으로 설명한 것이라고 한 사례

폐기물 중간처분업체인 갑 주식회사가 소각시설을 허가받은 내용과 달리 물리적으로 무단 증설하거나 물리적 증설 없이 1일 가동시간을 늘리는 등의 방법으로 허가받은 처분능력의 100분의 30을 초과하여 폐기물을 과다소각하였다는 이유로 한강유역환경청장으로부터 과징금 부과처분을 받았는데, 갑 회사가 이를 취소하는 소를 제기하여 처분이 과중하므로 재량권 일탈·남용에 해당한다고만 주장하다가 '소각시설의 물리적 증설 없이 과다소각한 경우는 폐기물관리법 제25조 제11항, 구 폐기물관리법 시행규칙 제29조 제1항 제2호 (마)목 위반에 해당하지 않는다'는 주장을 제기한 데 대하여 한강유역환경청장이 '① 소각시설의 물리적 증설 없이 과다소각한 경우도 위 법령 위반에 해당할 뿐만 아니라 ② 갑 회사는 변경허가를 받지 않은 채 소각시설을 무단 증설하여 과다소각하였으므로 위 법령 위반에 해당한다'고 주장하자 갑 회사가 ② 주장은 허용되지 않는 처분사유의 추가·변경에 해당한다고 주장한 사안에서, 한강유역환경청장이 위 처분을 하면서 처분서에 '과다소각'이라고만 기재하였을 뿐 어떤 방법으로 과다소각을 한 경우인지 구체적으로 기재하지는 않았으나, 관련 수사 결과와 이에 따른 한강유역환경청장의 사전통지 및 갑 회사가 제출한 의견서 내용 등을 종합하면, 한강유역환경청장은 '갑 회사가 소각시설을 허가받은 내용과 달리 설치하거나 증설하여 폐기물을 과다소각함으로써 위 법령을 위반하였다'는 점을 '당초 처분사유'로 삼아 위 처분을 한 것이고, 갑 회사도 이러한 '당초 처분사유'를 알면서도 이를 인정하고 처분양정이 과중하다는 의견만을 제시하였을 뿐이며, 처분서에 위반행위 방법을 구체적으로 기재하지 않았더라도 그에 불복하여 방어권을 행사하는 데 별다른 지장이 없었으므로, 한강유역환경청장이 갑 회사의 소송상 주장에 대응하여 변론과정에서 한 ② 주장은 소송에서 새로운 처분사유를 추가로 주장한 것이 아니라, 처분서에 다소 불명확하게 기재하였던 '당초 처분사유'를 좀 더 구체적으로 설명한 것인데도, 이와 달리 본 원심판단에 법리오해 등의 잘못이 있다고 한 사례

판결서의 이유에 당사자의 모든 주장이나 공격·방어방법에 관한 판단이 표시되어야 하는지 여부(소극) 및 법원의 판결에 당사자가 주장한 사항에 대한 구체적·직접적 판단이 표시되어 있지 않지만 판결 이유의 전반적인 취지로 주장의 인용 여부를 알 수 있는 경우 또는 실제로 판단을 하지 않았지만 주장이 배척될 것이 분명한 경우, 판단누락의 위법이 있는지 여부(소극)

판결서의 이유에는 주문이 정당하다는 것을 인정할 수 있을 정도로 당사자의 주장, 그 밖의 공격·방어방법에 관한 판단을 표시하면 되고 당사자의 모든 주장이나 공격·방어방법에 관하여 판단할 필요가 없다(행정소송법 제8조 제2항, 민사소송법 제208조). 따라서 법원의 판결에 당사자가 주장한 사항에 대한 구체적·직접적인 판단이 표시되어 있지 아니하더라도 판결 이유의 전반적인 취지에 비추어 주장을 인용하거나 배척하였음을 알 수 있는 정도라면 판단누락이라고 할 수 없고, 설령 실제로 판단을 하지 아니하였더라도 주장이 배척될 경우임이 분명한 때에는 판결 결과에 영향이 없어 판단누락의 위법이 있다고 할 수 없다.

2007년 개정으로 신설된 구 산업재해보상보험법 제37조 제1항을 산업재해보상보험법상 '업무상의 재해'를 인정하기 위한 업무와 재해 사이의 상당인과관계에 관한 증명책임을 근로복지공단에 분배하거나 전환하는 규정으로 볼 수 있는지 여부(소극)

산업재해보상보험법상 보험급여의 지급요건, 2007. 12. 14. 법률 제8694호로 전부 개정된 구 산업재해보상보험법 제37조 제1항 전체의 내용과 구조, 입법 경위와 입법 취지, 다른 재해보상제도와의 관계 등을 고려하면, 2007년 개정으로 신설된 구 산재보험법 제37조 제1항은 산재보험법상 '업무상의 재해'를 인정하기 위한 업무와 재해 사이의 상당인과관계에 관한 증명책임을 근로복지공단에 분배하거나 전환하는 규정으로 볼 수 없고, 2007년 개정 이후에도 업무와 재해 사이의 상당인과관계의 증명책임은 업무상의 재해를 주장하는 근로자 측에게 있다고 보는 것이 타당하므로, 기존 판례를 유지하여야 한다.

[대법관 김재형, 대법관 박정화, 대법관 김선수, 대법관 이흥구의 반대의견] 다수의견은 산재보험법 제5조 제1호에서 정한 '업무상의 재해'를 주장하는 당사자에게 업무와 재해 사이의 상당인과관계에 관한 증명책임이 있다는 기존 판례가 타당하다고 한다. 그러나 이러한 태도는 2007년 산재보험법 개정 이전에 형성된 판례를 그대로 따르는 것으로서 2007년 산재보험법 개정으로 신설된 구 산재보험법 제37조 제1항의 의미를 등한시하는 해석이다. 구 산재보험법 제37조 제1항에 따르면, '업무상의 재해'의 인정 요건 가운데 본문 각호 각 목에서 정한 업무관련성이나 인과관계에 대해서는 이를 주장하는 자가 증명하고, 단서에서 정한 '상당인과관계의 부존재'에 대해서는 상대방이 증명해야 한다고 보아야 한다. 이것이 법률해석에 관한 일반 원칙에 부합한다. 따라서 '업무상의 재해'에 관한 이러한 증명책임 원칙에 반하는 판례는 변경되어야 한다.

15 당사자소송

① 국회의원지위확인

1. 과거의 법률관계에 관하여 확인의 소가 허용되는 경우

원래 확인의 소는 현재의 권리 또는 법률상 지위에 관한 위험이나 불안을 제거하기 위하여 허용되는 것이고, 다만 과거의 법률관계라 할지라도 현재의 권리 또는 법률상 지위에 영향을 미치고 있고 현재의 권리 또는 법률상 지위에 대한 위험이나 불안을 제거하기 위하여 그 법률관계에 관한 확인판결을 받는 것이 유효적절한 수단이라고 인정될 때에는 확인의 이익이 있다.

2. 법원이 위헌정당 해산결정에 따른 법적 효과와 관련한 헌법과 법률의 해석·적용에 관한 사항을 판단해야 하는지 여부(적극)

헌법재판소의 결정으로 정당이 해산되면 중앙선거관리위원회는 정당법에 따라 그 결정을 집행하여야 하고(헌법재판소법 제60조), 그 밖에도 기존에 존속·활동하였던 정당이 해산됨에 따른 여러 법적 효과가 발생한다. 구체적 사건에서의 헌법과 법률의 해석·적용은 사법권의 본질적 내용으로서 그 권한은 대법원을 최고법원으로 하는 법원에 있으므로, 법원은 위와 같은 위헌정당 해산결정에 따른 법적 효과와 관련한 헌법과 법률의 해석·적용에 관한 사항을 판단하여야 한다.

3. 헌법재판소의 위헌정당 해산결정으로 해산된 정당 소속 국회의원이 국회의원직을 상실하는지 여부(적극)

정당해산심판제도는 기본적으로 모든 정당의 존립과 활동은 최대한 보장하되 민주적 기본질서를 수호하기 위하여 엄격한 요건과 절차를 충족하여 해산결정을 받은 위헌적인 정당을 국민의 정치적 의사형성 과정에서 미리 배제하는 것을 본질로 한다. 우리 헌법과 법률이 지향하고 제도적으로 보장하고 있는 정당민주주의하에서, 정당은 국민의 정치적 의사를 형성하는 기능을 하고, 특히 정당 소속 국회의원은 정당이 민주적 기본질서와 직결된 국민의 정치적 의사형성에 참여하는 데 핵심적인 역할을 담당하고 있다. 그렇다면 해산결정을 받은 정당이 국민의 정치적 의사형성 과정에 참여하는 것을 배제하기 위해서는, 그 이념과 정책을 실현하기 위한 활동을 직접적으로 행하는 지위에 있는 그 정당 소속 국회의원을 국민의 정치적 의사형성 과정이 이루어지는 국회에서 배제하여야 하는 것은 당연한 논리적 귀결임과 동시에 방어적 민주주의 이념에 부합하는 결론이다. 따라서 위헌정당 해산결정의 효과로 그 정당의 추천 등으로 당선되거나 임명된 공무원 등의 지위를 상실시킬지 여부는 헌법이나 법률로 명확히 규정하는 것이 보다 바람직하나, 그와 같은 명문의 규정이 없더라도 위헌정당 해산결정에 따른 효과로 위헌정당 소속 국회의원은 국회의원직을 상실한다고 보아야 한다.

1. 구 군인연금법령상 급여를 받으려고 하는 사람이 관계 법령에 따라 국방부장관 등에게 급여지급을 청구하였으나 국방부장관 등이 이를 거부하거나 일부 금액만 인정하는 급여지급결정을 하는 경우, 그 결정을 대상으로 항고소송을 제기하는 등으로 구체적 권리를 인정받지 않은 상태에서 곧바로 국가를 상대로 한 당사자소송으로 급여의 지급을 소구할 수 있는지 여부(소극)

국방부장관 등이 하는 급여지급결정은 단순히 급여수급 대상자를 확인·결정하는 것에 그치는 것이 아니라 구체적인 급여 수급액을 확인·결정하는 것까지 포함한다. 구 군인연금법령상 급여를 받으려고 하는 사람은 우선 관계 법령에 따라 국방부 장관 등에게 급여지급을 청구하여 국방부장관 등이 이를 거부하거나 일부 금액만 인정하는 급여지급결정을 하는 경우 그 결정을 대상으로 항고소송을 제기하는 등으로 구체적 권리를 인정받은 다음 비로소 당사자소송으로 그 급여의 지급을 구해 야 한다. 이러한 구체적인 권리가 발생하지 않은 상태에서 곧바로 국가를 상대로 한 당사자소송으로 급여의 지급을 소구하 는 것은 허용되지 않는다.

2. 법원이 국가·공공단체 그 밖의 권리주체를 피고로 하는 당사자소송을 그 처분 등을 한 행정청을 피고로 하는 항고소송으로 변경하는 것이 타당하다고 인정할 경우, 소의 변경을 허가할 수 있는지 여부(원칙적 적극) 및 원고가 고의 또는 중대한 과실 없이 항고소송으로 제기해야 할 것을 당사자소송으로 잘못 제기한 경우, 법원이 취할 조치

법원은 국가·공공단체 그 밖의 권리주체를 피고로 하는 당사자소송을 그 처분 등을 한 행정청을 피고로 하는 항고소송으로 변경하는 것이 타당하다고 인정할 때에는 청구의 기초에 변경이 없는 한 사실심 변론종결 시까지 원고의 신청에 의하여 결정으로써 소의 변경을 허가할 수 있다(행정소송법 제42조, 제21조). 다만, 원고가 고의 또는 중대한 과실 없이 항고소송 으로 제기해야 할 것을 당사자소송으로 잘못 제기한 경우에, 항고소송의 소송요건을 갖추지 못했음이 명백하여 항고소송으 로 제기되었더라도 어차피 부적법하게 되는 경우가 아닌 이상, 법원으로서는 원고가 항고소송으로 소 변경을 하도록 석명 권을 행사하여 행정청의 처분이나 부작위가 적법한지 여부를 심리·판단해야 한다.

16 행정소송

1 국가를 상대로 하는 당사자소송의 경우에는 가집행선고를 할 수 없도록 한 행정소송법 제43조

헌재 2022.2.24, 2020헌가12

가집행선고가 붙은 판결의 피고도 가집행판결에 따른 집행을 면하기 위하여 변제를 할 수 있으므로, 피고인 국가는 가집행으로 인한 회계질서 문란을 피하기 위하여 변제 여부를 고려하면 되고, 만일 변제를 한다면 더 이상 이자가 발생하지 않으므로 오히려 국고손실의 위험도 일부 줄일 수 있다. 이를 종합하면, 심판대상조항은 국가가 당사자소송의 피고인 경우 가집행의 선고를 제한하여, 국가가 아닌 공공단체 그 밖의 권리주체가 피고인 경우에 비하여 합리적인 이유 없이 차별하고 있으므로 평등원칙에 반한다.

01 고용노동부장관의 전국교직원 노동조합에 대한 법외노조통보에 관한 설명으로 옳지 않은 것은?

① 국민의 권리·의무에 관한 기본적이고 본질적인 사항 및 헌법상 보장된 국민의 자유나 권리를 제한할 때 그 제한의 본질적인 사항에 관하여 국회가 법률로써 스스로 규율하여야 한다.

② 법률의 시행령이 법률에 의한 위임 없이 법률이 규정한 개인의 권리·의무에 관한 내용을 변경·보충하거나 법률에 규정되지 아니한 새로운 내용을 규정할 수 없다.

③ 행정관청은 행정법의 일반 법리에 따라 법률에 명시적 근거 규정이 없더라도 결격사유가 있는 노동조합에 대하여 설립신고의 수리를 사후적으로 취소·철회할 수 있고, 이를 주의적·확인적으로 규정한 노동조합법 시행령 제9조 제2항은 모법인 노동조합법의 구체적 위임이 없더라도 적법·유효하다고 보아야 한다.

④ 법외노조 통보에 관한 노동조합 및 노동관계조정법 시행령 제9조 제2항은 헌법상 법률유보의 원칙에 위반되어 그 자체로 무효이므로 그에 기초한 위 법외노조 통보는 법적 근거를 상실하여 위법하다.

01 정답 ③

① [○] 국민의 권리·의무에 관한 기본적이고 본질적인 사항은 국회가 정하여야 하고, 헌법상 보장된 국민의 자유나 권리를 제한할 때에는 적어도 그 제한의 본질적인 사항에 관하여 국회가 법률로써 스스로 규율하여야 한다.

② [○] 법률의 시행령은 모법인 법률에 의하여 위임받은 사항이나 법률이 규정한 범위 내에서 법률을 현실적으로 집행하는 데 필요한 세부적인 사항만을 규정할 수 있을 뿐, 법률에 의한 위임이 없는 한 법률이 규정한 개인의 권리·의무에 관한 내용을 변경·보충하거나 법률에 규정되지 아니한 새로운 내용을 규정할 수는 없다.

❸ [×] 노동조합법 시행령 제9조 제2항은 법률이 정하고 있지 아니한 사항에 관하여, 법률의 구체적이고 명시적인 위임도 없이 헌법이 보장하는 노동3권에 대한 본질적인 제한을 규정한 것으로서 법률유보원칙에 반한다.

④ [○] 노동조합 및 노동관계조정법 시행령 제9조 제2항은 법률의 구체적이고 명시적인 위임 없이 법률이 정하고 있지 아니한 법외노조 통보에 관하여 규정함으로써 헌법이 보장하는 노동3권을 본질적으로 제한하는 것으로 법률유보의 원칙에 위반되어 그 자체로 무효이므로 그에 기초한 위 법외노조 통보는 법적 근거를 상실하여 위법하다고 한 사례(대판 전합체 2020.9.3, 2016두32992 [법외노조통보처분취소])

02 의료기관을 개설할 수 없는 자가 국민 건강보험 공단에 의료비를 청구하여 지급받은 경우 부당이득에 대한 설명으로 옳지 않은 것은?

① 의료기관을 개설할 수 없는 자는 국민건강보험법 제52조 제1항에서 정한 부당이득징수 처분의 상대방인 요양기관에 해당한다.

② 부당이득징수의 법적 성질 등을 고려할 때, 구 국민건강보험법 제52조 제1항이 정한 부당이득징수는 재량행위라고 보는 것이 옳다.

③ 의료기관의 개설명의인을 상대로 요양급여비용을 징수할 때 요양기관이 실시한 요양급여 내용과 요양급여비용의 액수, 의료기관 개설·운영 과정에서의 개설명의인의 역할과 불법성의 정도, 의료기관 운영성과의 귀속 여부와 개설명의인이 얻은 이익의 정도를 고려하지 않고 의료기관의 개설명의인을 상대로 요양급여비용 전액을 징수하는 경우, 재량권을 일탈·남용한 때에 해당하지 않는다.

④ 의료기관을 개설할 수 없는 자가 개설한 의료기관과 해당 의료기관의 개설명의자 및 실질적으로 개설·운영한 자 모두 부당이득징수처분의 상대방이 된다.

02 정답 ③

① [O] 의료기관을 개설할 수 없는 자가 개설한 의료기관은 국민건강보험법상 요양기관이 될 수 없지만, 이러한 의료기관이라 하더라도 요양기관으로서 요양급여를 실시하고 그 급여비용을 청구한 이상 구 국민건강보험법 제52조 제1항에서 정한 부당이득징수 처분의 상대방인 요양기관에 해당한다(대판 2020. 6.4, 2015두39996 [요양급여비용징수처분취소청구]).

② [O] 대판 2020.6.4, 2015두39996 [요양급여비용징수처분취소청구]

❸ [X] 부당이득징수의 법적 성질 등을 고려할 때, 구 국민건강보험법 제52조 제1항이 정한 부당이득징수는 재량행위라고 보는 것이 옳다. 그리고 요양기관이 실시한 요양급여 내용과 요양급여비용의 액수, 의료기관 개설·운영 과정에서의 개설명의인의 역할과 불법성의 정도, 의료기관 운영성과의 귀속 여부와 개설명의인이 얻은 이익의 정도, 그 밖에 조사에 대한 협조 여부 등의 사정을 고려하지 않고 의료기관의 개설명의인을 상대로 요양급여비용 전액을 징수하는 것은 다른 특별한 사정이 없는 한 비례의 원칙에 위배된 것으로 재량권을 일탈·남용한 때에 해당한다고 볼 수 있다(대판 2020. 6.4, 2015두39996 [요양급여비용징수처분취소청구]).

④ [O] 해당 의료기관의 개설명의자는 국민건강보험법 제57조 제1항에 따라 부당이득징수처분의 상대방이 되고, 명의를 대여받아 해당 의료기관을 실질적으로 개설·운영한 자는 국민건강보험법 제57조 제2항에 따라 부당이득징수처분의 상대방이 된다(대판 2020.7.9, 2018두44838 [요양급여비용환수결정취소]).

03 행정입법에 대한 설명으로 옳지 않은 것은?

① 공공기관운영법 제39조 제2항 및 공기업·준정부기관 계약사무규칙 제15조에서 위임한 바 없는 한국수력원자력 주식회사가 조달하는 기자재, 용역 및 정비공사, 기기수리의 공급자에 대한 관리업무 절차를 규정함을 목적으로 제정·운용하고 있는 '공급자관리지침' 중 등록취소 및 그에 따른 일정 기간의 거래제한조치에 관한 규정들은 대외적 구속력이 없는 행정규칙이다.

② 법무부장관은 공증인에 대한 감독기관이므로 공증인법 제79조 제1호에 근거한 직무상 명령을 개별·구체적인 지시의 형식으로 할 수도 있으나, 행정규칙의 형식으로 일반적인 기준을 제시하거나 의무를 부과할 수도 있다.

③ 감독기관인 법무부장관이 상위법령의 구체적인 위임 없이 공증인이 직무수행에서 준수하여야 할 세부적인 사항을 규정한 집행증서 작성사무 지침은 행정규칙이다.

④ 공증인이 직무수행을 하면서 공증인의 감독기관인 법무부장관이 제정한 '집행증서 작성사무 지침'을 위반한 경우, 공증인법 제79조 제1호에 근거한 직무상 명령을 위반한 것이라고 할 수 없다.

03   정답 ④

① [O] 한국수력원자력 주식회사가 조달하는 기자재, 용역 및 정비공사, 기기수리의 공급자에 대한 관리업무 절차를 규정함을 목적으로 제정·운용하고 있는 '공급자관리지침' 중 등록취소 및 그에 따른 일정 기간의 거래제한조치에 관한 규정들은 공공기관으로서 행정청에 해당하는 한국수력원자력 주식회사가 상위법령의 구체적 위임 없이 정한 것이어서 대외적 구속력이 없는 행정규칙이다(대판 2020.5.28, 2017두66541).

② [O] 일반적으로 상급행정기관은 소속 공무원이나 하급행정기관에 대하여 업무처리지침이나 법령의 해석·적용 기준을 정해주는 '행정규칙'을 제정할 수 있다. 공증인은 직무에 관하여 공무원의 지위를 가지고, 법무부장관은 공증인에 대한 감독기관이므로 공증인법 제79조 제1호에 근거한 직무상 명령을 개별·구체적인 지시의 형식으로 할 수도 있으나, 행정규칙의 형식으로 일반적인 기준을 제시하거나 의무를 부과할 수도 있다(대판 2020.11.26, 2020두42262).

③ [O] '집행증서 작성사무 지침'을 제정하였다. 이는 공증인의 감독기관인 법무부장관이 상위법령의 구체적인 위임 없이 공증인이 직무수행에서 준수하여야 할 세부적인 사항을 규정한 '행정규칙'이라고 보아야 한다. 따라서 공증인이 직무수행에서 위 지침을 위반한 경우에는 공증인법 제79조 제1호에 근거한 직무상 명령을 위반한 것이다(대판 2020.11.26, 2020두42262).

❹ [X] 이는 공증인의 감독기관인 법무부장관이 상위법령의 구체적인 위임 없이 공증인이 직무수행에서 준수하여야 할 세부적인 사항을 규정한 '행정규칙'이라고 보아야 한다. 따라서 공증인이 직무수행에서 위 지침을 위반한 경우에는 공증인법 제79조 제1호에 근거한 직무상 명령을 위반한 것이다(대판 2020.11.26, 2020두42262).

04 행정행위에 대한 설명으로 옳지 않은 것은?

① 구 군사기지 및 군사시설 보호법상 국방부장관 또는 관할부대장에 대한 관계 행정기관장의 협의 요청 대상인 행위가 군사작전에 지장을 초래하거나 초래할 우려가 있는지 등은 고도의 전문적·군사적 판단 사항이므로 그 판단에 관하여 국방부장관 또는 관할부대장 등에게 재량권이 부여되어 있다.

② 행정청의 전문적인 정성적 평가 결과는 판단의 기초가 된 사실인정에 중대한 오류가 있거나 그 판단이 사회통념상 현저하게 타당성을 잃어 객관적으로 불합리하다는 등의 특별한 사정이 없는 한 법원이 당부를 심사하기에 적절하지 않으므로 가급적 존중되어야 하고, 여기에 재량권을 일탈·남용한 특별한 사정이 있다는 점은 증명책임분배의 일반원칙에 따라 이를 주장하는 자가 증명하여야 한다.

③ 행정청은 법인이 개설한 의료기관에서 거짓으로 진료비를 청구하였다는 범죄사실로 법인의 대표자가 금고 이상의 형을 선고받고 형이 확정된 경우, 의료법 제64조 제1항 제8호에 따라 진료비 거짓 청구가 이루어진 해당 의료기관의 개설 허가 취소처분(또는 폐쇄명령)을 해야 한다.

④ 행정청은 법인이 개설한 의료기관에서 거짓으로 진료비를 청구하였다는 범죄사실로 법인의 대표자가 금고 이상의 형을 선고받고 형이 확정된 경우, 의료업 정지처분과 개설 허가 취소처분(또는 폐쇄명령) 중에서 제재처분의 종류와 정도를 선택할 수 있는 재량을 가진다.

04 　　　　　　　　　　　　　　　　　　　정답 ④

① [○] 해당 부대의 임무, 작전계획, 군사기지 및 군사시설의 유형과 특성, 주변환경, 지역주민의 안전에 미치는 영향 등을 종합적으로 고려하여 행하는 고도의 전문적·군사적 판단 사항으로서, 그에 관해서는 국방부장관 또는 관할부대장 등에게 재량권이 부여되어 있다(대판 2020.7.9, 2017두39785 [개발행위불허가처분취소]).

② [○] 행정청의 전문적인 정성적 평가 결과는 판단의 기초가 된 사실인정에 중대한 오류가 있거나 그 판단이 사회통념상 현저하게 타당성을 잃어 객관적으로 불합리하다는 등의 특별한 사정이 없는 한 법원이 당부를 심사하기에 적절하지 않으므로 가급적 존중되어야 하고, 여기에 재량권을 일탈·남용한 특별한 사정이 있다는 점은 증명책임분배의 일반원칙에 따라 이를 주장하는 자가 증명하여야 한다. 이러한 법리는 국방부장관 또는 관할부대장 등이 구 군사기지 및 군사시설 보호법 등 관계 법령이 정하는 바에 따라 전문적·군사적인 정성적 평가를 한 경우에도 마찬가지로 적용된다. 따라서 국방부장관 또는 관할부대장 등의 전문적·군사적 판단은 그 판단의 기초가 된 사실인정에 중대한 오류가 있거나 그 판단이 객관적으로 불합리하거나 부당하다는 등의 특별한 사정이 없는 한 존중되어야 하고, 국방부장관 또는 관할부대장 등의 판단을 기초로 이루어진 행정처분에 재량권을 일탈·남용한 특별한 사정이 있다는 점은 처분의 효력을 다투는 자가 증명하여야 한다(대판 2020.7.9, 2017두39785 [개발행위불허가처분취소]).

③ [○] 자연인이 의료기관을 개설한 경우에는 해당 의료기관에서 거짓으로 진료비를 청구하였다는 범죄사실로 개설자인 자연인이 금고 이상의 형을 선고받고 그 형이 확정된 때에, 법인이 의료기관을 개설한 경우에는 해당 의료기관에서 거짓으로 진료비를 청구하였다는 범죄사실로 법인의 대표자가 금고 이상의 형을 선고받고 그 형이 확정된 때에 의료법 제64조 제1항 제8호에 따라 진료비 거짓 청구가 이루어진 해당 의료기관의 개설 허가 취소처분(또는 폐쇄명령)을 해야 한다(대판 2021.3.11, 2019두57831).

❹ [X] 의료기관이 의료법 제64조 제1항 제1호에서 제7호, 제9호의 사유에 해당하면 관할 행정청이 1년 이내의 의료업 정지처분과 개설 허가 취소처분(또는 폐쇄명령) 중에서 제재처분의 종류와 정도를 선택할 수 있는 재량을 가지지만, 의료기관이 의료법 제64조 제1항 제8호에 해당하면 관할 행정청은 반드시 해당 의료기관에 대하여 더 이상 의료업을 영위할 수 없도록 개설 허가 취소처분(또는 폐쇄명령)을 하여야 할 뿐 선택재량을 가지지 못한다(대판 2021.3.11, 2019두57831).

05 행정행위에 대한 설명으로 옳지 않은 것은?

① 기본행위인 주택재개발정비사업조합이 수립한 사업시행계획에 대한 관할 행정청의 사업시행계획 인가처분은 설권적 처분이다.

② 기본행위인 주택재개발정비사업조합이 수립한 사업시행계획에 하자가 있는데 보충행위인 관할 행정청의 사업시행계획 인가처분에는 고유한 하자가 없는 경우, 사업시행계획의 무효를 주장하면서 곧바로 그에 대한 인가처분의 무효확인이나 취소를 구할 수 없다.

③ 과세관청이 세무조사결과통지 후 과세전적부심사 청구나 그에 대한 결정이 있기 전에 과세처분을 한 경우, 절차상 하자가 중대하고도 명백하여 과세처분이 무효이다.

④ 과세관청이 법인에 대하여 세무조사결과통지를 하면서 익금누락 등으로 인한 법인세 포탈에 관하여 조세범 처벌법 위반으로 고발 또는 통고처분을 한 경우, 세무조사결과통지 후 과세전적부심사 청구 또는 그에 대한 결정이 있기 전에 이루어진 소득금액변동통지는 절차상 하자가 중대하고도 명백하여 무효라고 봄이 타당하다.

05 정답 ①

❶ [X] 주택재개발정비사업조합이 수립한 사업시행계획은 관할 행정청의 인가·고시가 이루어지면 이해관계인들에게 구속력이 발생하는 독립된 행정처분에 해당하고, 관할 행정청의 사업시행계획 인가처분은 사업시행계획의 법률상 효력을 완성시키는 보충행위에 해당한다(대판 2021.2.10, 2020두48031).

② [O] 기본행위인 사업시행계획에는 하자가 없는데 보충행위인 인가처분에 고유한 하자가 있다면 그 인가처분의 무효확인이나 취소를 구하여야 할 것이지만, 인가처분에는 고유한 하자가 없는데 사업시행계획에 하자가 있다면 사업시행계획의 무효확인이나 취소를 구하여야 할 것이지 사업시행계획의 무효를 주장하면서 곧바로 그에 대한 인가처분의 무효확인이나 취소를 구하여서는 아니 된다(대판 2021.2.10, 2020두48031).

③ [O] 과세전적부심사를 거치지 않고 곧바로 과세처분을 할 수 있거나 과세전적부심사에 대한 결정이 있기 전이라도 과세처분을 할 수 있는 예외사유로 정하고 있다는 등의 특별한 사정이 없는 한, 세무조사결과통지 후 과세전적부심사 청구나 그에 대한 결정이 있기도 전에 과세처분을 하는 것은 원칙적으로 과세전적부심사 이후에 이루어져야 하는 과세처분을 그보다 앞서 함으로써 과세전적부심사 제도 자체를 형해화시킬 뿐 아니라 과세전적부심사 결정과 과세처분 사이의 관계 및 불복절차를 불분명하게 할 우려가 있으므로, 그와 같은 과세처분은 납세자의 절차적 권리를 침해하는 것으로서 절차상 하자가 중대하고도 명백하여 무효이다(대판 2020.10.29, 2017두51174).

④ [O] 과세관청은 소득금액변동통지를 하기 전에 납세자인 해당 법인에 과세전적부심사의 기회를 부여하여야 한다. 이와 같은 특별한 사정이 없음에도 세무조사결과통지가 있은 후 과세전적부심사 청구 또는 그에 대한 결정이 있기 전에 이루어진 소득금액변동통지는 납세자의 절차적 권리를 침해하는 것으로서 절차상 하자가 중대하고도 명백하여 무효라고 봄이 타당하다(대판 2020.10.29, 2017두51174).

06 인허가의제에 대한 설명으로 옳지 않은 것은?

① 어떤 개발사업의 시행과 관련하여 인허가의 근거 법령에서 절차간소화를 위하여 관련 인허가를 의제 처리할 수 있는 근거 규정을 둔 경우, 사업시행자가 인허가를 신청하면서 반드시 관련 인허가 의제 처리를 신청할 의무가 있다고 할 수 없다.

② 주무 행정청이 사업계획을 승인하기 전에 관계 행정청과 미리 협의한 사항에 한하여 사업계획승인처분을 할 때에 관련 인허가가 의제되는 효과가 발생할 뿐이다.

③ 중소기업창업 지원법 제35조 제1항, 제4항에서 정한 인허가의제 제도의 입법 취지 및 관련 인허가 사항에 관한 사전 협의가 이루어지지 않은 채 중소기업창업 지원법 제33조 제3항에서 정한 20일의 처리기간이 지난 날의 다음 날에 사업계획승인처분이 이루어진 것으로 의제된 경우, 창업자는 관련 인허가를 관계 행정청에 별도로 신청하는 절차를 거쳐야 하는 것은 아니다.

④ 관련 인허가 사항에 관한 사전 협의가 이루어지지 않은 채 중소기업창업법 제33조 제3항에서 정한 20일의 처리기간이 지난 날의 다음 날에 사업계획승인처분이 이루어진 것으로 의제된다고 하더라도, 창업자는 중소기업창업법에 따른 사업계획승인처분을 받은 지위를 가지게 될 뿐이고 관련 인허가까지 받은 지위를 가지는 것은 아니다.

06 정답 ③

① [O] 어떤 개발사업의 시행과 관련하여 여러 개별 법령에서 각각 고유한 목적과 취지를 가지고 요건과 효과를 달리하는 인허가 제도를 각각 규정하고 있다면, 그 개발사업을 시행하기 위해서는 개별 법령에 따른 여러 인허가 절차를 각각 거치는 것이 원칙이다. 다만 어떤 인허가의 근거 법령에서 절차 간소화를 위하여 관련 인허가를 의제 처리할 수 있는 근거 규정을 둔 경우에는, 사업시행자가 인허가를 신청하면서 하나의 절차 내에서 관련 인허가를 의제 처리해줄 것을 신청할 수 있다. 관련 인허가 의제 제도는 사업시행자의 이익을 위하여 만들어진 것이므로, 사업시행자가 반드시 관련 인허가 의제 처리를 신청할 의무가 있는 것은 아니다(대판 2020.7.23, 2019두31839 [건축허가취소처분취소]).

② [O] 인허가 의제 제도는 목적사업의 원활한 수행을 위해 창구를 단일화하여 행정절차를 간소화하는 데 입법 취지가 있고 목적사업이 관계 법령상 인허가의 실체적 요건을 충족하였는지에 관한 심사를 배제하려는 취지는 아니다. 따라서 시장 등이 사업계획을 승인하기 전에 관계 행정청과 미리 협의한 사항에 한하여 사업계획승인처분을 할 때에 관련 인허가가 의제되는 효과가 발생할 뿐이다(대판 2021.3.11, 2020두42569).

❸ [X] 관련 인허가 사항에 관한 사전 협의가 이루어지지 않은 채 중소기업창업법 제33조 제3항에서 정한 20일의 처리기간이 지난 날의 다음 날에 사업계획승인처분이 이루어진 것으로 의제된다고 하더라도, 창업자는 중소기업창업법에 따른 사업계획승인처분을 받은 지위를 가지게 될 뿐이고 관련 인허가까지 받은 지위를 가지는 것은 아니다. 따라서 창업자는 공장을 설립하기 위해 필요한 관련 인허가를 관계 행정청에 별도로 신청하는 절차를 거쳐야 한다(대판 2021.3.11, 2020두42569).

④ [O] 대판 2021.3.11, 2020두42569

07 행정행위 효력 발생 요건에 대한 설명으로 옳지 않은 것은?

① 가축분뇨의 관리 및 이용에 관한 법률에 따라 가축의 사육을 제한하기 위하여 시장·군수·구청장이 조례가 정하는 바에 따라 일정한 구역을 가축사육 제한구역으로 지정하는 경우, 토지이용규제 기본법에서 정한 바에 따라 지형도면을 작성·고시해야 가축사육 제한구역 지정의 효력이 발생한다.

② 토지이용규제 기본법 제8조에 따라 행정청이 지역·지구 등 지정에 따른 지형도면을 작성하여 일정한 장소에 비치한 사실을 관보·공보에 고시하고 그와 동시에 지형도면을 그 장소에 비치하여 일반인이 직접 열람할 수 있는 상태에 놓아둔 경우, 지형도면 자체를 관보·공보에 게재된 고시문에 수록하지 않았다면 지형도면 고시가 적법하게 이루어진 것으로 볼 수 없다.

07   정답 ②

① [O] 가축분뇨의 관리 및 이용에 관한 법률(이하 '가축분뇨법'이라 한다) 제8조 제1항, 토지이용규제 기본법 제2조 제1호, 제5조 제1호 [별표], 제3조, 제8조 제2항 본문, 제3항 본문을 종합하면, 가축분뇨법에 따라 가축의 사육을 제한하기 위해서는 원칙적으로 시장·군수·구청장이 조례가 정하는 바에 따라 일정한 구역을 가축사육 제한구역으로 지정하여 토지이용규제 기본법에서 정한 바에 따라 지형도면을 작성·고시하여야 하고, 이러한 지형도면 작성·고시 전에는 가축사육 제한구역 지정의 효력이 발생하지 아니한다(대판 2020. 12.24, 2020두46769).

❷ [X] 관보나 공보는 B5(182mm×257mm) 또는 A4(210mm×297mm) 규격으로 제작되어 지형도면을 그대로 수록하기가 어렵고, 만일 이를 축소하여 관보·공보에 수록하게 한다면 지형도면의 축척을 일정 비율로 규정한 취지가 무의미해지는 점 및 토지이용규제법 제8조 제9항이 지형도면 고시 내용을 국토이용정보체계 등 인터넷에 등재하도록 규정함으로써 일반인이 지형도면에 쉽게 접근할 수 있도록 한 점 등을 아울러 감안하면, 토지이용규제법 제8조에 따라 행정청이 지역·지구 등 지정에 따른 지형도면을 작성하여 일정한 장소에 비치한 사실을 관보·공보에 고시하고 그와 동시에 지형도면을 그 장소에 비치하여 일반인이 직접 열람할 수 있는 상태에 놓아두었다면 이로써 지형도면 고시가 적법하게 이루어진 것이라고 보는 것이 옳다(대판 2020.12.24, 2020두46769)

08 공법상 계약에 대한 설명으로 옳은 것은?

① 계약당사자 사이에서 계약의 적정한 이행을 위하여 일정한 계약상 의무를 위반하는 경우 계약해지, 위약벌이나 손해배상액 약정, 장래 일정 기간의 거래제한 등의 제재조치를 약정하는 것은 법령에 근거한 공권력의 행사로서의 제재처분의 성질을 가진다.

② 거래업체가 일정한 계약상 의무를 위반하는 경우 장래 일정 기간의 거래제한 등의 제재조치는 계약상대방에게 그 중요 내용을 미리 설명하여 계약내용으로 편입하는 절차를 거치지 않았다면 계약의 내용으로 주장할 수 없다.

③ 행정기본법에 따르면 행정청은 법령에 근거가 있어야 행정목적을 달성하기 위하여 필요한 경우에는 공법상 법률관계에 관한 계약을 체결할 수 있다.

④ 행정기본법에 따르면 공법상 계약은 문서 또는 구두로 체결할 수 있다.

08 　　　　　　　　　　　　　　　　　　　　　정답 ②

① [X] 계약당사자 사이에서 계약의 적정한 이행을 위하여 일정한 계약상 의무를 위반하는 경우 계약해지, 위약벌이나 손해배상액 약정, 장래 일정 기간의 거래제한 등의 제재조치를 약정하는 것은 상위법령과 법의 일반원칙에 위배되지 않는 범위에서 허용되며, 그러한 계약에 따른 제재조치는 법령에 근거한 공권력의 행사로서의 제재처분과는 법적 성질을 달리한다(대판 2020.5.28, 2017두66541).

❷ [○] 공공기관의 어떤 제재조치가 계약에 따른 제재조치에 해당하려면 일정한 사유가 있을 때 그러한 제재조치를 할 수 있다는 점을 공공기관과 그 거래상대방이 미리 구체적으로 약정하였어야 한다. 공공기관이 여러 거래업체들과의 계약에 적용하기 위하여 거래업체가 일정한 계약상 의무를 위반하는 경우 장래 일정 기간의 거래제한 등의 제재조치를 할 수 있다는 내용을 계약특수조건 등의 일정한 형식으로 미리 마련하였다고 하더라도, 약관의 규제에 관한 법률 제3조에서 정한 바와 같이 계약상대방에게 그 중요 내용을 미리 설명하여 계약내용으로 편입하는 절차를 거치지 않았다면 계약의 내용으로 주장할 수 없다(대판 2020.5.28, 2017두66541).

③ [X] 행정기본법 제27조【공법상 계약의 체결】① 행정청은 법령등을 위반하지 아니하는 범위에서 행정목적을 달성하기 위하여 필요한 경우에는 공법상 법률관계에 관한 계약(이하 "공법상 계약"이라 한다)을 체결할 수 있다. 이 경우 계약의 목적 및 내용을 명확하게 적은 계약서를 작성하여야 한다.

④ [X] 행정기본법 제27조【공법상 계약의 체결】① 행정청은 법령등을 위반하지 아니하는 범위에서 행정목적을 달성하기 위하여 필요한 경우에는 공법상 법률관계에 관한 계약(이하 "공법상 계약"이라 한다)을 체결할 수 있다. 이 경우 계약의 목적 및 내용을 명확하게 적은 계약서를 작성하여야 한다.

09 행정절차에 대한 설명으로 옳은 것은?

① 행정절차법 시행령 제13조 제2호에서 정한 '법원의 재판 또는 준사법적 절차를 거치는 행정기관의 결정 등에 따라 처분의 전제가 되는 사실이 객관적으로 증명되어 처분에 따른 의견청취가 불필요하다고 인정되는 경우'의 의미 및 처분의 전제가 되는 '일부' 사실만 증명된 경우이거나 의견청취에 따라 행정청의 처분 여부나 처분 수위가 달라질 수 있는 경우, 사전통지의 예외사유에 해당한다.

② 행정절차법 제17조 제5항이 행정청으로 하여금 신청에 대하여 거부처분을 하기 전에 반드시 신청인에게 신청의 내용이나 처분의 실체적 발급요건에 관한 사항까지 보완할 기회를 부여하여야 할 의무를 정한 것이다.

③ 행정청이 행정절차법 제20조 제1항의 처분기준 사전공표 의무를 위반하여 미리 공표하지 아니한 기준을 적용하여 처분을 하였다면 해당 처분에 취소사유에 이를 정도의 흠이 존재한다고 할 수 있다.

④ 행정청이 행정절차법 제20조 제1항에 따라 정하여 공표한 처분기준은, 그것이 해당 처분의 근거 법령에서 구체적 위임을 받아 제정·공포되었다는 특별한 사정이 없는 한, 원칙적으로 대외적 구속력이 없는 행정규칙에 해당한다.

09 정답 ④

① [X] 행정절차법 제21조, 제22조, 행정절차법 시행령 제13조의 내용을 행정절차법의 입법 목적과 의견청취 제도의 취지에 비추어 종합적·체계적으로 해석하면, 행정절차법 시행령 제13조 제2호에서 정한 '법원의 재판 또는 준사법적 절차를 거치는 행정기관의 결정 등에 따라 처분의 전제가 되는 사실이 객관적으로 증명되어 처분에 따른 의견청취가 불필요하다고 인정되는 경우'는 법원의 재판 등에 따라 처분의 전제가 되는 사실이 객관적으로 증명되면 행정청이 반드시 일정한 처분을 해야 하는 경우 등 의견청취가 행정청의 처분 여부나 그 수위 결정에 영향을 미치지 못하는 경우를 의미한다고 보아야 한다. 처분의 전제가 되는 '일부' 사실만 증명된 경우이거나 의견청취에 따라 행정청의 처분 여부나 처분 수위가 달라질 수 있는 경우라면 위 예외사유에 해당하지 않는다(대판 2020.7.23, 2017두66602).

② [X] 행정절차법 제17조가 '구비서류의 미비 등 흠의 보완'과 '신청 내용의 보완'을 분명하게 구분하고 있는 점에 비추어 보면, 행정절차법 제17조 제5항은 신청인이 신청할 때 관계 법령에서 필수적으로 첨부하여 제출하도록 규정한 서류를 첨부하지 않은 경우와 같이 쉽게 보완이 가능한 사항을 누락하는 등의 흠이 있을 때 행정청이 곧바로 거부처분을 하는 것보다는 신청인에게 보완할 기회를 주도록 함으로써 행정의 공정성·투명성 및 신뢰성을 확보하고 국민의 권익을 보호하려는 행정절차법의 입법 목적을 달성하고자 함이지, 행정청으로 하여금 신청에 대하여 거부처분을 하기 전에 반드시 신청인에게 신청의 내용이나 처분의 실체적 발급요건에 관한 사항까지 보완할 기회를 부여하여야 할 의무를 정한 것은 아니라고 보아야 한다(대판 2020.7.23, 2020두36007).

③ [X] 행정청이 행정절차법 제20조 제1항에 따라 정하여 공표한 처분기준은, 그것이 해당 처분의 근거 법령에서 구체적 위임을 받아 제정·공포되었다는 특별한 사정이 없는 한, 원칙적으로 대외적 구속력이 없는 행정규칙에 해당한다. 처분이 적법한지는 행정규칙에 적합한지 여부가 아니라 상위법령의 규정과 입법 목적 등에 적합한지 여부에 따라 판단해야 한다. 처분이 행정규칙을 위반하였다고 하여 그러한 사정만으로 곧바로 위법하게 되는 것은 아니고, 처분이 행정규칙을 따른 것이라고 하여 적법성이 보장되는 것도 아니다. 행정청이 미리 공표한 기준, 즉 행정규칙을 따랐는지 여부가 처분의 적법성을 판단하는 결정적인 지표가 되지 못하는 것과 마찬가지로, 행정청이 미리 공표하지 않은 기준을 적용하였는지 여부도 처분의 적법성을 판단하는 결정적인 지표가 될 수 없다(대판 2020.12.24, 2018두45633).

❹ [O] 행정청이 행정절차법 제20조 제1항에 따라 정하여 공표한 처분기준은, 그것이 해당 처분의 근거 법령에서 구체적 위임을 받아 제정·공포되었다는 특별한 사정이 없는 한, 원칙적으로 대외적 구속력이 없는 행정규칙에 해당한다(대판 2020.12.24, 2018두45633).

10 행정절차에 대한 설명으로 옳지 않은 것은?

① 행정절차법 제19조 제1항의 처분기간의 공표규정은 처리기간에 관한 규정은 훈시규정이 아니라 강행규정이라고 볼 수 있으므로 행정청이 처리기간이 지나 처분을 하였다면 이를 처분을 취소할 절차상 하자로 볼 수 있다.

② 행정청이 관계 법령의 규정이나 자체적인 판단에 따라 처분상대방에게 특정한 권리나 이익 또는 지위 등을 부여한 후 일정한 기간마다 심사하여 갱신 여부를 판단하는 이른바 '갱신제'를 채택하여 운용하는 경우, 처분상대방은 갱신 여부에 관하여 합리적인 기준에 의한 공정한 심사를 요구할 권리를 가진다.

③ 사전에 공표한 심사기준을 심사대상기간이 이미 경과하였거나 상당 부분 경과한 시점에서 처분상대방의 갱신 여부를 좌우할 정도로 중대하게 변경하는 것이 허용되지 않는다.

④ 민원처리법 시행령 제23조에 따른 민원처리진행상황 통지도 민원인의 편의를 위한 부가적인 제도일 뿐, 그 통지를 하지 않았더라도 이를 처분을 취소할 절차상 하자로 볼 수 없다.

10   정답 ①

❶ [X] 행정절차법 제19조 제1항은 "행정청은 신청인의 편의를 위하여 처분의 처리기간을 종류별로 미리 정하여 공표하여야 한다."라고 정하고 있다. 민원 처리에 관한 법률 제17조 제1항은 "행정기관의 장은 법정민원을 신속히 처리하기 위하여 행정기관에 법정민원의 신청이 접수된 때부터 처리가 완료될 때까지 소요되는 처리기간을 법정민원의 종류별로 미리 정하여 공표하여야 한다."라고 정하고 있고, 민원 처리에 관한 법률 시행령(이하 '민원처리법 시행령'이라 한다) 제23조 제1항은 "행정기관의 장은 민원이 접수된 날부터 30일이 지났으나 처리가 완료되지 아니한 경우 또는 민원인의 명시적인 요청이 있는 경우에는 그 처리진행상황과 처리완료 예정일 등을 적은 문서를 민원인에게 교부하거나 정보통신망 또는 우편 등의 방법으로 통지하여야 한다."라고 정하고 있다. 처분이나 민원의 처리기간을 정하는 것은 신청에 따른 사무를 가능한 한 조속히 처리하도록 하기 위한 것이다. 처리기간에 관한 규정은 훈시규정에 불과할 뿐 강행규정이라고 볼 수 없다. 행정청이 처리기간이 지나 처분을 하였더라도 이를 처분을 취소할 절차상 하자로 볼 수 없다. 민원처리법 시행령 제23조에 따른 민원처리진행상황 통지도 민원인의 편의를 위한 부가적인 제도일 뿐, 그 통지를 하지 않았더라도 이를 처분을 취소할 절차상 하자로 볼 수 없다(대판 2019.12.13, 2018두41907).

② [O] 행정청이 관계 법령의 규정이나 자체적인 판단에 따라 처분상대방에게 특정한 권리나 이익 또는 지위 등을 부여한 후 일정한 기간마다 심사하여 갱신 여부를 판단하는 이른바 '갱신제'를 채택하여 운용하는 경우에는, 처분상대방은 합리적인 기준에 의한 공정한 심사를 받아 그 기준에 부합되면 특별한 사정이 없는 한 갱신되리라는 기대를 가지고 갱신 여부에 관하여 합리적인 기준에 의한 공정한 심사를 요구할 권리를 가진다(대판 2020.12.24, 2018두45633).

③ [O] 사전에 공표한 심사기준 중 경미한 사항을 변경하거나 다소 불명확하고 추상적이었던 부분을 명확하게 하거나 구체화하는 정도를 뛰어넘어, 심사대상기간이 이미 경과하였거나 상당 부분 경과한 시점에서 처분상대방의 갱신 여부를 좌우할 정도로 중대하게 변경하는 것은 갱신제의 본질과 사전에 공표된 심사기준에 따라 공정한 심사가 이루어져야 한다는 요청에 정면으로 위배되는 것이므로, 갱신제 자체를 폐지하거나 갱신상대방의 수를 종전보다 대폭 감축할 수밖에 없도록 만드는 중대한 공익상 필요가 인정되거나 관계 법령이 제·개정되었다는 등의 특별한 사정이 없는 한, 허용되지 않는다(대판 2020.12.24, 2018두45633).

④ [O] 민원처리법 시행령 제23조에 따른 민원처리진행상황 통지도 민원인의 편의를 위한 부가적인 제도일 뿐, 그 통지를 하지 않았더라도 이를 처분을 취소할 절차상 하자로 볼 수 없다(대판 2019.12.13, 2018두41907).

11 과징금에 대한 설명으로 옳지 않은 것은?

① '위반행위 횟수에 따른 가중처분기준'이 적용되려면 선행 제재처분이 반드시 법령의 제재처분기준에 명시된 처분내용대로 이루어진 경우이어야 한다.

② 화물자동차법 제3조 제3항을 위반하여 변경허가를 받지 않고 특수용도형 화물자동차를 일반형 화물자동차로 불법증차하여 운행하는 행위는 화물자동차법 제19조 제1항 제2호에 따른 사업정지처분사유에는 해당하나, 화물자동차 운수사업법 제21조 제2항의 위임에 따라 사업정지처분을 갈음하여 과징금을 부과할 수 있는 위반행위의 종류와 과징금의 금액을 정한 구 화물자동차 운수사업법 시행령 제7조 제1항 [별표 2] '과징금을 부과하는 위반행위의 종류와 과징금의 금액'에 열거되지 않으므로 사업정지처분을 갈음하여 과징금을 부과할 수 없다.

③ '입찰담합 및 이와 유사한 행위'에 의한 부당한 공동행위에 대하여 과징금을 부과하는 경우, '계약금액'이 과징금의 기본 산정기준이 된다.

④ 낙찰자 또는 낙찰예정자를 미리 정하는 내용의 담합에 참여하였으나 낙찰을 받지 못한 사업자에 대하여도 '계약금액'이 과징금의 기본 산정기준이 된다.

11　　　　　　　　　　　　　　　　　　　　정답 ①

❶ [X] '위반행위의 횟수에 따른 가중처분기준'이 적용되려면 실제 선행 위반행위가 있고 그에 대하여 유효한 제재처분이 이루어졌음에도 그 제재처분일로부터 1년 이내에 다시 같은 내용의 위반행위가 적발된 경우이면 족하다고 보아야 한다. 선행 위반행위에 대한 선행 제재처분이 반드시 구 시행령 [별표 1] 제재처분기준 제2호에 명시된 처분내용대로 이루어진 경우이어야 할 필요는 없으며, 선행 제재처분에 처분의 종류를 잘못 선택하거나 처분양정에서 재량권을 일탈·남용한 하자가 있었던 경우라고 해서 달리 볼 것은 아니다(대판 2020.5.28, 2017두73693 [위반차량감차처분취소]).

② [○] 화물자동차 운송사업자가 화물자동차 운수사업법 제19조 제1항 각호에서 정한 사업정지처분사유에 해당하는 위반행위를 한 경우에는 화물자동차법 제19조 제1항에 따라 사업정지처분을 하는 것이 원칙이다. 다만 입법자는 화물자동차 운송사업자에 대하여 사업정지처분을 하는 것이 운송사업의 이용자에게 불편을 주거나 그 밖에 공익을 해칠 우려가 있으면 대통령령으로 정하는 바에 따라 사업정지처분을 갈음하여 과징금을 부과할 수 있도록 허용하고 있다. 이처럼 입법자는 대통령령에 단순히 '과징금의 산정기준'을 구체화하는 임무만을 위임한 것이 아니라, 사업정지처분을 갈음하여 과징금을 부과할 수 있는 '위반행위의 종류'를 구체화하는 임무까지 위임한 것이라고 보아야 한다. 따라서 구 화물자동차 운수사업법 시행령 제7조 제1항 [별표 2] '과징금을 부과하는 위반행위의 종류와 과징금의 금액'에 열거되지 않은 위반행위의 종류에 대해서 사업정지처분을 갈음하여 과징금을 부과하는 것은 허용되지 않는다고 보아야 한다(대판 2020.5.28, 2017두73693 [위반차량감차처분취소]). 즉, 화물자동차법 제3조 제3항을 위반하여 변경허가를 받지 않고 특수용도형 화물자동차를 일반형 화물자동차로 불법증차하여 운행하는 행위는 화물자동차법 제19조 제1항 제2호에 따른 사업정지처분사유에는 해당하나, 구 시행령 [별표 2]에는 열거되어 있지 않으므로 화물자동차법 제21조 제1항에 따라 사업정지처분을 갈음하여 과징금 부과처분을 하는 것은 허용되지 않는다.

③ [○] 독점규제 및 공정거래에 관한 법률 제22조, 구 독점규제 및 공정거래에 관한 법률 시행령 제9조 제1항, 제61조 제1항 [별표 2] 제2호 (가)목 3) 가) 본문의 내용 및 문언에 의하면, 입찰담합 및 이와 유사한 행위에서 과징금의 상한은 '계약금액에 100분의 10을 곱한 금액'이 되고, 이때 '계약금액'은 과징금의 기본 산정기준이 되며, 이는 입찰담합에 의하여 낙찰을 받고 계약을 체결한 사업자뿐만 아니라 낙찰자 또는 낙찰예정자를 미리 정하는 내용의 담합에 참여하였으나 낙찰을 받지 못한 사업자에 대하여도 마찬가지로 적용된다(대판 2020.10.29, 2019두37233).

④ [○] 독점규제 및 공정거래에 관한 법률 제22조, 구 독점규제 및 공정거래에 관한 법률 시행령(2014.2.11. 대통령령 제25173호로 개정되기 전의 것, 이하 '구 공정거래법 시행령'이라 한다) 제9조 제1항, 제61조 제1항 [별표 2] 제2호 (가)목 3) 가) 본문의 내용 및 문언에 의하면, 입찰담합 및 이와 유사한 행위에서 과징금의 상한은 '계약금액에 100분의 10을 곱한 금액'이 되고, 이때 '계약금액'은 과징금의 기본 산정기준이 되며, 이는 입찰담합에 의하여 낙찰을 받고 계약을 체결한 사업자뿐만 아니라 낙찰자 또는 낙찰예정자를 미리 정하는 내용의 담합에 참여하였으나 낙찰을 받지 못한 사업자에 대하여도 마찬가지로 적용된다(대판 2020. 10.29, 2019두37233).

12 과징금에 대한 설명으로 옳은 것은?

① 공정거래위원회는 입찰담합에 관한 과징금의 기본 산정기준이 되는 '계약금액'을 재량에 따라 결정할 수 있다.

② 공정거래위원회가 공동행위 외부자의 제보에 따라 필요한 증거를 충분히 확보한 이후 증거를 제공한 공동행위 참여자가 과징금 등 감면 대상자인 1순위 또는 2순위 조사협조자가 될 수 있다.

③ 여객자동차운수사업자가 범한 여러 가지 위반행위에 대하여 관할 행정청이 사업정지처분을 갈음하는 과징금 부과처분을 하기로 선택하는 경우, 여러 가지 위반행위에 대하여 1회에 부과할 수 있는 과징금 총액의 최고한도액(= 5,000만 원) 및 관할 행정청이 여객자동차운송사업자의 여러 가지 위반행위를 인지한 경우, 인지한 여러 가지 위반행위 중 일부에 대해서만 우선 과징금 부과처분을 하고 나머지에 대해서는 차후에 별도의 과징금 부과처분을 할 수 있다.

④ 관할 행정청이 여객자동차운송사업자가 범한 여러 가지 위반행위 중 일부만 인지하여 과징금 부과처분을 한 후 그 과징금 부과처분 시점 이전에 이루어진 다른 위반행위를 인지하여 이에 대하여 별도의 과징금 부과처분을 하게 되는 경우, 전체 위반행위에 대하여 하나의 과징금 부과처분을 할 경우에 산정되었을 정당한 과징금액에서 이미 부과된 과징금액을 뺀 나머지 금액을 한도로 하여서만 추가 과징금 부과처분을 할 수 있다.

12 　　　　　　　　　　　　　　　　　　　　　정답 ④

① [X] 공정거래위원회는 독점규제 및 공정거래에 관한 법률(이하 '공정거래법'이라 한다)상 과징금 상한의 범위 내에서 과징금 부과 여부 및 과징금 액수를 정할 재량을 가지고 있다. 그러나 공정거래법 제22조는 공정거래위원회가 부당한 공동행위를 행한 사업자에 대하여 '대통령령이 정하는 매출액'에 100분의 10을 곱한 금액(매출액이 없는 경우 등에는 20억 원)을 초과하지 아니하는 한도 내에서 과징금을 부과할 수 있도록 정하고 있고, 그 위임에 따라 구 독점규제 및 공정거래에 관한 법률 시행령(2014.2.11. 대통령령 제25173호로 개정되기 전의 것) 제9조 제1항은 본문에서 "공정거래법 제22조에서 '대통령령이 정하는 매출액'이란 위반사업자가 위반기간 동안 일정한 거래분야에서 판매한 관련 상품이나 용역의 매출액 또는 이에 준하는 금액을 말한다."라고 정하면서, 그 단서에서 "다만 입찰담합 및 이와 유사한 행위인 경우에는 계약금액을 말한다."라고 정하고 있다. 따라서 입찰담합에 관한 과징금의 기본 산정기준이 되는 '계약금액'은 위와 같은 법령의 해석을 통하여 산정되는 것이지 공정거래위원회가 재량에 따라 결정할 수 있는 것이 아니다(대판 2020.10.29, 2019두37233).

② [X] 공정거래위원회가 이미 부당한 공동행위에 대한 정보를 입수하고 이를 증명하는 데 필요한 증거를 충분히 확보한 이후에는 '조사협조자'가 성립할 수 없고, 이는 1순위는 물론 2순위의 경우에도 마찬가지이다. 공정거래법령이 1순위와 2순위 조사협조자를 구분하여 규정하고 있으나, 이는 조사협조자들 중 '최초로 증거를 제공한 자'뿐만 아니라 '두 번째로 증거를 제공한 자'까지 감면을 허용하고자 하는 취지일 뿐, 이로써 1순위와 관계없는 별개의 독립적인 2순위라는 지위가 만들어져 1순위 조사협조자가 없는데도 2순위 조사협조자가 성립할 수 있게 되는 것은 아니다(대판 2020.10.29, 2017두54746 [감면거부처분취소]).

③ [X] 관할 행정청이 여객자동차운송사업자의 여러 가지 위반행위를 인지하였다면 전부에 대하여 일괄하여 5,000만 원의 최고한도 내에서 하나의 과징금 부과처분을 하는 것이 원칙이고, 인지한 여러 가지 위반행위 중 일부에 대해서만 우선 과징금 부과처분을 하고 나머지에 대해서는 차후에 별도의 과징금 부과처분을 하는 것은 다른 특별한 사정이 없는 한 허용되지 않는다. 만약 행정청이 여러 가지 위반행위를 인지하여 그 전부에 대하여 일괄하여 하나의 과징금 부과처분을 하는 것이 가능하였음에도 임의로 몇 가지로 구분하여 각각 별도의 과징금 부과처분을 할 수 있다고 보게 되면, 행정청이 여러 가지 위반행위에 대하여 부과할 수 있는 과징금의 최고한도액을 정한 구 여객자동차 운수사업법 시행령 제46조 제2항의 적용을 회피하는 수단으로 악용될 수 있기 때문이다(대판 2021.2.4, 2020두48390).

❹ [○] 관할 행정청이 여객자동차운송사업자가 범한 여러 가지 위반행위 중 일부만 인지하여 과징금 부과처분을 하였는데 그 후 과징금 부과처분 시점 이전에 이루어진 다른 위반행위를 인지하여 이에 대하여 별도의 과징금 부과처분을 하게 되는 경우에도 종전 과징금 부과처분의 대상이 된 위반행위와 추가 과징금 부과처분의 대상이 된 위반행위에 대하여 일괄하여 하나의 과징금 부과처분을 하는 경우와의 형평을 고려하여 추가 과징금 부과처분의 처분양정이 이루어져야 한다. 다시 말해, 행정청이 전체 위반행위에 대하여 하나의 과징금 부과처분을 할 경우에 산정되었을 정당한 과징금액에서 이미 부과된 과징금액을 뺀 나머지 금액을 한도로 하여서만 추가 과징금 부과처분을 할 수 있다. 행정청이 여러 가지 위반행위를 언제 인지하였느냐는 우연한 사정에 따라 처분상대방에게 부과되는 과징금의 총액이 달라지는 것은 그 자체로 불합리하기 때문이다(대판 2021.2.4, 2020두48390).

13 손실보상에 대한 설명으로 옳지 않은 것은?

① 재개발조합이 구 도시 및 주거환경정비법에 따른 협의 또는 수용절차를 거치지 않고 현금청산대상자를 상대로 토지 또는 건축물의 인도를 구할 수 없다.

② 구 도시 및 주거환경정비법 제47조에서 정한 현금청산금 지급 지체에 따른 지연이자 청구권과 공익사업을 위한 토지 등의 취득 및 보상에 관한 법률 제30조에서 정한 재결신청 지연가산금 청구권이 별개의 청구권이다.

③ 구 도시 및 주거환경정비법 제47조에서 정한 현금청산금 지급 지체에 따른 지연이자 청구권과 공익사업을 위한 토지 등의 취득 및 보상에 관한 법률 제30조에서 정한 재결신청 지연가산금 청구권을 동시에 행사할 수 있다.

④ 구 도시 및 주거환경정비법의 주택재개발사업에서 주택재개발정비사업조합과 현금청산대상자 사이에 청산금액에 관한 협의가 성립하지 않아 조합이 공익사업을 위한 토지 등의 취득 및 보상에 관한 법률에 따라 현금청산대상자들의 토지 등을 수용하는 경우 수용보상금의 가격산정기준일은 수용재결일이다.

13 정답 ③

① [O] 구 도시 및 주거환경정비법 제49조 제6항 본문은 '관리처분계획에 대한 인가·고시가 있은 때에는 종전의 토지 또는 건축물의 소유자·지상권자·전세권자·임차권자 등 권리자는 제54조의 규정에 의한 이전의 고시가 있은 날까지 종전의 토지 또는 건축물에 대하여 이를 사용하거나 수익할 수 없다.'고 규정하면서, 같은 항 단서는 사업시행자의 동의를 받거나 공익사업을 위한 토지 등의 취득 및 보상에 관한 법률에 따른 손실보상이 완료되지 않은 경우에는 종전 권리자로 하여금 그 소유의 토지 등을 사용·수익할 수 있도록 허용하고 있다. 그리고 구 도시정비법 제38조, 제40조 제1항, 제47조의 규정 내용에다가 사전보상원칙을 규정하고 있는 토지보상법 제62조까지 종합하면, 재개발조합이 공사에 착수하기 위하여 조합원이 아닌 현금청산대상자로부터 그 소유의 정비구역 내 토지 또는 건축물을 인도받기 위해서는 관리처분계획이 인가·고시된 것만으로는 부족하고 나아가 구 도시정비법이 정하는 바에 따라 협의 또는 수용절차를 거쳐야 하며, 협의 또는 수용절차를 거치지 아니한 때에는 구 도시정비법 제49조 제6항의 규정에도 불구하고 현금청산대상자를 상대로 토지 또는 건축물의 인도를 구할 수 없다고 보는 것이 국민의 재산권을 보장하는 헌법합치적 해석이다. 만일 재개발조합과 현금청산대상자 사이에 현금청산금에 관한 협의가 성립된다면 조합의 현금청산금 지급의무와 현금청산대상자의 토지 등 인도의무는 특별한 사정이 없는 한 동시이행의 관계에 있게 되고, 수용절차에 의할 때에는 부동산 인도에 앞서 현금청산금 등의 지급절차가 이루어져야 한다(대판 2020.7.23, 2019두46411).

② [O] 도시 및 주거환경정비법(2012.2.1. 법률 제11293호로 개정되기 전의 것) 제47조에서 정한 현금청산금 지급 지체에 따른 지연이자 청구권과 공익사업을 위한 토지 등의 취득 및 보상에 관한 법률 제30조에서 정한 재결신청 지연가산금 청구권은 근거 규정과 요건·효과를 달리하는 것으로서, 각 요건이 충족되면 성립하는 별개의 청구권이다(대판 2020. 7.23, 2019두46411).

❸ [X] 도시 및 주거환경정비법 제47조에서 정한 현금청산금 지급 지체에 따른 지연이자 청구권과 공익사업을 위한 토지 등의 취득 및 보상에 관한 법률 제30조에서 정한 재결신청 지연가산금 청구권은 근거 규정과 요건·효과를 달리하는 것으로서, 각 요건이 충족되면 성립하는 별개의 청구권이다. 다만 재결신청 지연가산금에는 이미 '손해 전보'라는 요소가 포함되어 있어 같은 기간에 대하여 양자의 청구권을 동시에 행사할 수 있다고 본다면 이중배상의 문제가 발생하므로, 같은 기간에 대하여 양자의 청구권이 동시에 성립하더라도 토지 등 소유자는 어느 하나만을 선택적으로 행사할 수 있을 뿐이고, 양자의 청구권을 동시에 행사할 수는 없다(대판 2020.7.23, 2019두46411).

④ [○] 구 도시 및 주거환경정비법 제38조, 제40조 제1항, 제47조, 도시 및 주거환경정비법 시행령 제48조, 공익사업을 위한 토지 등의 취득 및 보상에 관한 법률(이하 '토지보상법'이라 한다) 제67조 제1항에 의하면, 도시정비법의 주택재개발사업에서 현금청산대상자들에 대한 청산금은 주택재개발정비사업조합(이하 '조합'이라 한다)과 현금청산대상자가 협의에 의해 금액을 정하되, 협의가 성립하지 않을 때에는 조합은 토지보상법에 따라 토지수용위원회의 재결에 의하여 현금청산대상자들의 토지 등의 소유권을 취득할 수 있다. 그런데 도시정비법령은 수용보상금의 가격산정기준일에 관한 규정을 두고 있지 않으므로 현금청산대상자들의 토지 등에 대한 수용보상금은 토지보상법 제67조 제1항에 따라 토지 등의 수용재결일 가격을 기준으로 산정하여야 한다(대판 2016.12.15, 2015두51309).

14 대한변호사협회 장인 甲은 변호사 등록거부사유가 없음에도 乙의 변호사등록신청을 거부하였다. 이에 乙은 손해배상청구소송을 제기하였다. 대법원 판례와 일치하지 않는 것은?

① 공법인이 국가로부터 위탁받은 공행정사무를 집행하는 과정에서 공법인의 임직원이나 피용인이 고의 또는 과실로 법령을 위반하여 타인에게 손해를 입힌 경우, 공법인의 임직원이나 피용인은 고의 또는 중과실이 있는 경우에만 배상책임을 부담한다.

② 대한변호사협회의 장으로서 국가로부터 위탁받은 공행정사무인 '변호사등록에 관한 사무'를 수행하는 범위 내에서는 국가배상법 제2조에서 정한 공무원에 해당한다.

③ 대한 변호사협회장 甲의 등록거부는 경과실에 의한 것이므로 甲은 배상 책임을지지 않는다.

④ 대한 변호사협회장 甲의 등록거부는 경과실에 의한 것이므로 대한변호사협회는 배상 책임을 지지 않는다.

---

14 정답 ④

① [○] 공법인이 국가로부터 위탁받은 공행정사무를 집행하는 과정에서 공법인의 임직원이나 피용인이 고의 또는 과실로 법령을 위반하여 타인에게 손해를 입힌 경우에는, 공법인은 위탁받은 공행정사무에 관한 행정주체의 지위에서 배상책임을 부담하여야 하지만, 공법인의 임직원이나 피용인은 실질적인 의미에서 공무를 수행한 사람으로서 국가배상법 제2조에서 정한 공무원에 해당하므로 고의 또는 중과실이 있는 경우에만 배상책임을 부담하고 경과실이 있는 경우에는 배상책임을 면한다(대판 2021.1.28, 2019다260197).

② [○] 피고 2는 대한변호사협회의 장으로서 국가로부터 위탁받은 공행정사무인 '변호사등록에 관한 사무'를 수행하는 범위 내에서는 국가배상법 제2조에서 정한 공무원에 해당한다(대판 2021.1.28, 2019다260197).

③ [○] 대한변호사협회는 을 및 등록심사위원회 위원들이 속한 행정주체의 지위에서 갑에게 변호사등록이 위법하게 지연됨으로 인하여 얻지 못한 수입 상당액의 손해를 배상할 의무가 있는 반면, 乙은 경과실 공무원의 면책 법리에 따라 甲에 대한 배상책임을 부담하지 않는다고 한 사례(대판 2021.1.28, 2019다260197)

❹ [X] 대한변호사협회는 을 및 등록심사위원회 위원들이 속한 행정주체의 지위에서 갑에게 변호사등록이 위법하게 지연됨으로 인하여 얻지 못한 수입 상당액의 손해를 배상할 의무가 있는 반면, 乙은 경과실 공무원의 면책 법리에 따라 甲에 대한 배상책임을 부담하지 않는다고 한 사례(대판 2021.1.28, 2019다260197)

15 항고소송에 대한 설명으로 옳지 않은 것은?

① 행정청이 여러 개의 위반행위에 대하여 하나의 제재처분을 하였으나, 위반행위별로 제재처분의 내용을 구분하는 것이 가능하고 여러 개의 위반행위 중 일부의 위반행위에 대한 제재처분 부분만이 위법하더라도 법원은 그 제재처분 중 위법성이 인정되는 부분만 취소해서는 안 되고 그 제재처분 전부를 취소하여야 한다.

② 한국수력원자력 주식회사는 공공기관운영법에 따른 '공기업'으로 지정됨으로써 공공기관운영업 제39조 제2항에 따라 입찰참가자격제한처분을 할 수 있는 권한을 부여받았으므로 '법령에 따라 행정처분권한을 위임받은 공공기관'으로서 행정청에 해당한다.

③ 한국수력원자력 주식회사가 등록된 공급업체에 대하여 하는 '등록취소 및 그에 따른 일정 기간의 거래제한조치'는 '처분'에 해당한다.

④ 검찰총장이 검사에 대하여 하는 '경고조치'가 항고소송의 대상이 되는 처분에 해당한다.

15 　　　　　　　　　　　　　　　　　정답 ①

❶ [X] 행정청이 여러 개의 위반행위에 대하여 하나의 제재처분을 하였으나, 위반행위별로 제재처분의 내용을 구분하는 것이 가능하고 여러 개의 위반행위 중 일부의 위반행위에 대한 제재처분 부분만이 위법하다면, 법원은 그 제재처분 중 위법성이 인정되는 부분만 취소하여야 하고 그 제재처분 전부를 취소하여서는 아니 된다(대판 2020.5.14, 2019두63515 [영업정지처분취소]).

② [O] 한국전력공사가 그 주식 100%를 보유하고 있으며, 공공기관운영법 제5조 제3항 제1호에 따라 '시장형 공기업'으로 지정·고시된 '공공기관'이다. 한국수력원자력 주식회사는 공공기관운영법에 따른 '공기업'으로 지정됨으로써 공공기관운영업 제39조 제2항에 따라 입찰참가자격제한처분을 할 수 있는 권한을 부여받았으므로 '법령에 따라 행정처분권한을 위임받은 공공기관'으로서 행정청에 해당한다(대판 2020.5.28, 2017두66541).

③ [O] 한국수력원자력 주식회사가 자신의 '공급자관리지침'에 근거하여 등록된 공급업체에 대하여 하는 '등록취소 및 그에 따른 일정 기간의 거래제한조치'는 행정청이 행하는 구체적 사실에 관한 법집행으로서의 공권력의 행사인 '처분'에 해당한다(대판 2020.5.28, 2017두66541).

④ [O] 검사에 대한 경고조치 관련 규정을 위 법리에 비추어 살펴보면, 검찰총장이 사무검사 및 사건평정을 기초로 대검찰청 자체감사규정 제23조 제3항, 검찰공무원의 범죄 및 비위 처리지침 제4조 제2항 제2호 등에 근거하여 검사에 대하여 하는 '경고조치'는 일정한 서식에 따라 검사에게 개별 통지를 하고 이의신청을 할 수 있으며, 검사가 검찰총장의 경고를 받으면 1년 이상 감찰관리 대상자로 선정되어 특별관리를 받을 수 있고, 경고를 받은 사실이 인사자료로 활용되어 복무평정, 직무성과금 지급, 승진·전보인사에서도 불이익을 받게 될 가능성이 높아지며, 향후 다른 징계사유로 징계처분을 받게 될 경우에 징계양정에서 불이익을 받게 될 가능성이 높아지므로, 검사의 권리 의무에 영향을 미치는 행위로서 항고소송의 대상이 되는 처분이라고 보아야 한다(대판 2021.2.10, 2020두47564).

16 항고소송에 대한 설명으로 옳지 않은 것은?

① 검찰총장의 경고처분의 성격 및 검사의 직무상 의무 위반의 정도가 중하지 않아 검사징계법에 따른 '징계사유'에 해당하지 않더라도 징계처분보다 낮은 수준의 감독조치로서 '경고처분'을 할 수 있고 법원은 그것이 직무감독권자에게 주어진 재량권을 일탈·남용한 것이라는 특별한 사정이 없는 한 이를 존중하는 것이 바람직하다.

② 행정처분의 무효 확인 또는 취소를 구하는 소송계속 중 해당 행정처분이 기간의 경과 등으로 효과가 소멸한 때에 처분이 취소되어도 원상회복은 불가능하더라도 예외적으로 처분의 취소를 구할 소의 이익을 인정할 수 있는 경우 및 그 예외 중 하나인 '그 행정처분과 동일한 사유로 위법한 처분이 반복될 위험성이 있는 경우'는 '해당 사건의 동일한 소송 당사자 사이에서' 반복될 위험이 있는 경우만을 의미한다.

③ 항고소송을 제기한 원고가 본안소송에서 패소확정판결을 받았더라도 집행정지결정의 효력이 소급하여 소멸하지 않는다.

④ 폐기물 중간처분업체인 갑 주식회사가 소각시설을 허가받은 내용과 달리 설치하거나 증설한 후 허가받은 처분능력의 100분의 30을 초과하여 폐기물을 과다소각했다는 사유와 '갑 회사는 변경허가를 받지 않은 채 소각시설을 무단 증설하여 과다소각했다는 사유'는 동일성이 인정된다.

16   정답 ②

① [○] 검찰청법 제7조 제1항, 제12조 제2항, 검사징계법 제2조, 제3조 제1항, 제7조 제1항, 대검찰청 자체감사규정 제23조 제2항, 제3항, 사건평정기준 제2조 제1항 제2호, 제5조, 검찰공무원의 범죄 및 비위 처리지침 제4조 제2항 제2호, 제3항 [별표 1] 징계양정기준, 제4항, 제5항 등 관련 규정들의 내용과 체계 등을 종합하여 보면, 검찰총장의 경고처분은 검사징계법에 따른 징계처분이 아니라 검찰청법 제7조 제1항, 제12조 제2항에 근거하여 검사에 대한 직무감독권을 행사하는 작용에 해당하므로, 검사의 직무상 의무 위반의 정도가 중하지 않아 검사징계법에 따른 '징계사유'에는 해당하지 않더라도 징계처분보다 낮은 수준의 감독조치로서 '경고처분'을 할 수 있고, 법원은 그것이 직무감독권자에게 주어진 재량권을 일탈·남용한 것이라는 특별한 사정이 없는 한 이를 존중하는 것이 바람직하다(대판 2021.2.10, 2020두47564).

❷ [X] 여기에서 '그 행정처분과 동일한 사유로 위법한 처분이 반복될 위험성이 있는 경우'란 불분명한 법률문제에 대한 해명이 필요한 상황에 대한 대표적인 예시일 뿐이며, 반드시 '해당 사건의 동일한 소송 당사자 사이에서' 반복될 위험이 있는 경우만을 의미하는 것은 아니다(대판 2020.12.24, 2020두30450).

③ [○] 집행정지결정의 효력은 결정 주문에서 정한 기간까지 존속하다가 그 기간이 만료되면 장래에 향하여 소멸한다. 집행정지결정은 처분의 집행으로 회복하기 어려운 손해를 예방하기 위하여 긴급한 필요가 있고 달리 공공복리에 중대한 영향을 미치지 않을 것을 요건으로 하여 본안판결이 있을 때까지 해당 처분의 집행을 잠정적으로 정지함으로써 위와 같은 손해를 예방하는 데 취지가 있으므로, 항고소송을 제기한 원고가 본안소송에서 패소확정판결을 받았더라도 집행정지결정의 효력이 소급하여 소멸하지 않는다(대판 2020.9.3, 2020두34070).

④ [○] 한강유역환경청장은 '갑 회사가 소각시설을 허가받은 내용과 달리 설치하거나 증설하여 폐기물을 과다소각함으로써 위 법령을 위반하였다'는 점을 '당초 처분사유'로 삼아 위 처분을 한 것이고, 갑 회사도 이러한 '당초 처분사유'를 알면서도 이를 인정하고 처분양정이 과중하다는 의견만을 제시하였을 뿐이며, 처분서에 위반행위 방법을 구체적으로 기재하지 않았더라도 그에 불복하여 방어권을 행사하는 데 별다른 지장이 없었으므로, 한강유역환경청장이 갑 회사의 소송상 주장에 대응하여 변론과정에서 한 주장은 소송에서 새로운 처분사유를 추가로 주장한 것이 아니라, 처분서에 다소 불명확하게 기재하였던 '당초 처분사유'를 좀 더 구체적으로 설명한 것인데도, 이와 달리 본 원심판단에 법리오해 등의 잘못이 있다고 한 사례(대판 2020. 6.11, 2019두49359 [과징금부과처분취소])

17 행정소송에 대한 설명으로 옳지 않은 것은?

① 법원의 판결에 당사자가 주장한 사항에 대한 구체적·직접적 판단이 표시되어 있지 않지만 판결 이유의 전반적인 취지로 주장의 인용 여부를 알 수 있는 경우 또는 실제로 판단을 하지 않았지만 주장이 배척될 것이 분명한 경우, 판단누락의 위법이 있다고 할 수 없다.

② 과거의 법률관계는 이미 소멸했으므로 과거의 법률관계에 관하여 확인의 소는 허용되지 않는다.

③ 법원이 위헌정당 해산결정에 따른 법적 효과와 관련한 헌법과 법률의 해석·적용에 관한 사항을 판단해야 한다.

④ 명문의 규정이 없더라도 위헌정당 해산결정에 따른 효과로 위헌정당 소속 국회의원은 국회의원직을 상실한다고 보아야 한다.

---

17 정답 ②

① [○] 판결서의 이유에는 주문이 정당하다는 것을 인정할 수 있을 정도로 당사자의 주장, 그 밖의 공격·방어방법에 관한 판단을 표시하면 되고 당사자의 모든 주장이나 공격·방어방법에 관하여 판단할 필요가 없다(행정소송법 제8조 제2항, 민사소송법 제208조). 따라서 법원의 판결에 당사자가 주장한 사항에 대한 구체적·직접적인 판단이 표시되어 있지 아니하더라도 판결 이유의 전반적인 취지에 비추어 주장을 인용하거나 배척하였음을 알 수 있는 정도라면 판단누락이라고 할 수 없고, 설령 실제로 판단을 하지 아니하였더라도 주장이 배척될 경우임이 분명한 때에는 판결 결과에 영향이 없어 판단누락의 위법이 있다고 할 수 없다(대판 2020.6.11, 2017두36953).

❷ [X] 원래 확인의 소는 현재의 권리 또는 법률상 지위에 관한 위험이나 불안을 제거하기 위하여 허용되는 것이고, 다만 과거의 법률관계라 할지라도 현재의 권리 또는 법률상 지위에 영향을 미치고 있고 현재의 권리 또는 법률상 지위에 대한 위험이나 불안을 제거하기 위하여 그 법률관계에 관한 확인판결을 받는 것이 유효적절한 수단이라고 인정될 때에는 확인의 이익이 있다(대판 2021.4.29, 2016두39856 [국회의원지위확인]).

③ [○] 헌법재판소의 결정으로 정당이 해산되면 중앙선거관리위원회는 정당법에 따라 그 결정을 집행하여야 하고(헌법재판소법 제60조), 그 밖에도 기존에 존속·활동하였던 정당이 해산됨에 따른 여러 법적 효과가 발생한다. 구체적 사건에서의 헌법과 법률의 해석·적용은 사법권의 본질적 내용으로서 그 권한은 대법원을 최고법원으로 하는 법원에 있으므로, 법원은 위와 같은 위헌정당 해산결정에 따른 법적 효과와 관련한 헌법과 법률의 해석·적용에 관한 사항을 판단하여야 한다(대판 2021.4.29, 2016두39856 [국회의원지위확인]).

④ [○] 위헌정당 해산결정의 효과로 그 정당의 추천 등으로 당선되거나 임명된 공무원 등의 지위를 상실시킬지 여부는 헌법이나 법률로 명확히 규정하는 것이 보다 바람직하나, 그와 같은 명문의 규정이 없더라도 위헌정당 해산결정에 따른 효과로 위헌정당 소속 국회의원은 국회의원직을 상실한다고 보아야 한다(대판 2021.4.29, 2016두39856 [국회의원지위확인]).

18 최신 판례에 대한 설명으로 옳지 않은 것은?

① 개정된 독점규제 및 공정거래에 관한 법률이 시행되기 이전에 위반행위가 종료되었더라도 시행 당시 구 독점규제 및 공정거래에 관한 법률 제49조 제4항의 처분시효가 경과하지 않은 사건에 대하여, 구법보다 처분시효를 연장한 현행법 제49조 제4항을 적용하는 것은 부진정소급입법으로서 소급입법금지원칙에 위반되지 않는다.

② 개발사업 완료 전에 사업시행자의 지위가 승계된 경우 그 지위를 승계한 사람이 특별한 사정이 없는 한 사업시행자의 지위를 승계한 사람으로 하여금 개발부담금의 납부의무를 부담한다.

③ 공기업·준정부기관이 입찰을 거쳐 계약을 체결한 상대방에 대해 공공기관의 운영에 관한 법률 제39조 제2항 등에 따라 계약조건 위반을 이유로 입찰참가자격제한처분을 하기 위해서는 입찰공고와 계약서에 미리 계약조건과 그 계약조건을 위반할 경우 입찰참가자격 제한을 받을 수 있다는 사실을 모두 명시해야 한다.

④ 도로 외의 곳에서의 음주운전·음주측정거부 등에 대해서 운전면허의 취소·정지 처분을 부과할 수 있다.

18 정답 ④

① [○] 현행법이 시행되기 이전에 위반행위가 종료되었더라도 그 시행 당시 구법 제49조 제4항의 처분시효가 경과하지 않은 사건에 대하여, 위 부칙조항에 따라 구법에 비하여 처분시효를 연장한 현행법 제49조 제4항을 적용하는 것은 현재 진행 중인 사실관계나 법률관계를 대상으로 하는 것으로서 부진정소급에 해당하고, 헌법상 법률불소급의 원칙에 반하지 않는다(대판 2020.12.24, 2018두58295).

② [○] 개발사업의 승계 당사자 사이에 개발이익과 개발부담금의 승계에 관한 약정이 가능함을 전제로 그러한 약정이 불가능하다는 등의 특별한 사정이 없는 한 사업시행자의 지위를 승계한 사람으로 하여금 개발부담금의 납부의무를 부담하도록 한 것이다(대판 2021.12.30, 2021두45534).

③ [○] 공기업·준정부기관이 입찰을 거쳐 계약을 체결한 상대방에 대해 위 규정들에 따라 계약조건 위반을 이유로 입찰참가자격제한처분을 하기 위해서는 입찰공고와 계약서에 미리 계약조건과 그 계약조건을 위반할 경우 입찰참가자격 제한을 받을 수 있다는 사실을 모두 명시해야 한다(대판 2021.11.11, 2021두43491).

❹ [X] 구 도로교통법(2010.7.23. 법률 제10382호로 개정되기 전의 것) 제2조 제24호는 "운전이라 함은 도로에서 차마를 그 본래의 사용방법에 따라 사용하는 것(조종을 포함한다)을 말한다."라고 규정하여 도로교통법상 '운전'에는 도로 외의 곳에서 한 운전은 포함되지 않는 것으로 보았다. 도로 외의 곳에서의 음주운전·음주측정거부 등에 관한 형사처벌 규정인 도로교통법 제148조의2가 포함되어 있으나, 행정제재처분인 운전면허 취소·정지의 근거 규정인 도로교통법 제93조는 포함되어 있지 않기 때문에 도로 외의 곳에서의 음주운전·음주측정거부 등에 대해서는 형사처벌만 가능하고 운전면허의 취소·정지 처분은 부과할 수 없다(대판 2021.12.10, 2018두42771).

19 최신 판례에 대한 설명으로 옳은 것은?

① 甲이 여성의 신체 외관을 본뜬 전신 인형 형태의 남성용 자위기구를 수입신고하였으나, 관할 세관장이 구 관세법 제234조 제1호의 '풍속을 해치는 물품'에 해당한다는 이유로 위 물품의 수입통관을 보류하는 처분할 수 있다.

② 군 복무 중 사망한 사람의 유족이 국가배상을 받은 경우 사망보상금에서 소극적 손해배상금 상당액을 공제할 수 있을 뿐 이를 넘어 정신적 손해배상금까지 공제할 수 있다.

③ 산재보험법상 '업무상의 재해'를 인정하기 위한 업무와 재해 사이의 상당인과관계에 관한 증명책임과 관련하여 '업무상의 재해'의 인정 요건 가운데 본문 각호 각 목에서 정한 업무관련성이나 인과관계에 대해서는 이를 주장하는 자가 증명하고, 단서에서 정한 '상당인과관계의 부존재'에 대해서는 상대방이 증명해야 한다고 보아야 한다.

④ 원고가 고의 또는 중대한 과실 없이 항고소송으로 제기해야 할 것을 당사자소송으로 잘못 제기한 경우, 법원은 바로 부적법 각하판결을 하여야 한다.

19 정답 ①

❶ [○] 甲이 여성의 신체 외관을 본뜬 전신 인형 형태의 남성용 자위기구를 수입신고 하였으나, 관할 세관장이 구 관세법 제234조 제1호 등에 해당한다는 이유로 위 물품의 수입통관을 보류하는 처분을 한 사안에서, 그 형상, 재질, 기능, 용도 등에 비추어 보면 위 물품은 16세 미만 여성의 신체 외관을 사실적으로 본떠 만들어진 성행위 도구라고 볼 수 있는 점, 위 물품의 사용을 통해 아동의 성에 대한 왜곡된 인식과 비정상적 태도가 형성될 수 있을 뿐더러 아동에 대한 잠재적인 성범죄의 위험을 증대시킬 우려가 있는 점 등을 종합하면, 위 물품은 구 관세법 제234조 제1호가 규정한 '풍속을 해치는 물품'에 해당한다고 볼 여지가 있다(대판 2021.11. 25, 2021두46421).

② [X] 군 복무 중 사망한 사람의 유족이 국가배상을 받은 경우, 국가보훈처장 등이 사망보상금에서 정신적 손해배상금까지 공제할 수 있는지 문제 된 사안에서, 구 군인연금법이 정하고 있는 급여 중 사망보상금은 일실손해의 보전을 위한 것으로 불법행위로 인한 소극적 손해배상과 같은 종류의 급여이므로, 군 복무 중 사망한 사람의 유족이 국가배상을 받은 경우 국가보훈처장 등은 사망보상금에서 소극적 손해배상금 상당액을 공제할 수 있을 뿐, 이를 넘어 정신적 손해배상금까지 공제할 수 없다고 한 사례(대판 2021.12.16, 2019두45944)

③ [X] 산재보험법상 '업무상의 재해'를 인정하기 위한 업무와 재해 사이의 상당인과관계에 관한 증명책임을 근로복지공단에 분배하거나 전환하는 규정으로 볼 수 없고, 2007년 개정 이후에도 업무와 재해 사이의 상당인과관계의 증명책임은 업무상의 재해를 주장하는 근로자 측에게 있다고 보는 것이 타당하므로, 기존 판례를 유지하여야 한다(대판 전합체 2021. 9.9, 2017두45933).

④ [X] 법원은 국가·공공단체 그 밖의 권리주체를 피고로 하는 당사자소송을 그 처분 등을 한 행정청을 피고로 하는 항고소송으로 변경하는 것이 타당하다고 인정할 때에는 청구의 기초에 변경이 없는 한 사실심 변론종결 시까지 원고의 신청에 의하여 결정으로써 소의 변경을 허가할 수 있다(행정소송법 제42조, 제21조). 다만, 원고가 고의 또는 중대한 과실 없이 항고소송으로 제기해야 할 것을 당사자소송으로 잘못 제기한 경우에, 항고소송의 소송요건을 갖추지 못했음이 명백하여 항고소송으로 제기되었더라도 어차피 부적법하게 되는 경우가 아닌 이상, 법원으로서는 원고가 항고소송으로 소 변경을 하도록 석명권을 행사하여 행정청의 처분이나 부작위가 적법한지 여부를 심리·판단해야 한다(대판 2021. 12.16, 2019두45944).

행정법각론

01 지방자치

① 임시이사선임처분취소청구의 소

대판 2020.9.3, 2019두58650

사립 초등학교·중학교·고등학교 및 이에 준하는 각종 학교를 설치·경영하는 학교법인의 임시이사 선임에 관한 교육감의 권한이 자치사무인지 여부(적극)

지방자치법, 지방교육자치에 관한 법률 및 사립학교법의 관련 규정들의 형식과 취지, 임시이사 선임제도의 내용과 성질 등을 앞에서 본 법리에 비추어 살펴보면, 사립 초등학교·중학교·고등학교 및 이에 준하는 각종 학교를 설치·경영하는 학교법인의 임시이사 선임에 관한 교육감의 권한은 자치사무라고 보는 것이 타당하다.

② 협약무효확인등청구의 소

대판 2020.12.30, 2020두37406

국가하천에 관한 사무가 국가사무에 해당하는지 여부(원칙적 적극) 및 지방자치단체가 비용 일부를 부담한다고 하여 국가사무의 성격이 자치사무로 바뀌는 것인지 여부(소극)

하천법은 국가하천의 하천관리청은 국토교통부장관이고(제8조 제1항), 하천공사와 하천의 유지·보수는 원칙적으로 하천관리청이 시행한다고 정하고 있다(제27조 제5항). 위와 같은 규정에 따르면, 국가하천에 관한 사무는 다른 법령에 특별한 정함이 없는 한 국가사무로 보아야 한다. 지방자치단체가 비용 일부를 부담한다고 해서 국가사무의 성격이 자치사무로 바뀌는 것은 아니다.

법인이 해당 지방자치단체에서 인적 · 물적 설비를 갖추고 계속적으로 사업을 영위하면서 해당 지방자치단체의 재산 또는 공공시설의 설치로 특히 이익을 받는 경우, 지방자치법 제138조에 따른 분담금 납부의무자가 될 수 있는지 여부(적극)

지방자치법은 여러 조항에서 권리 · 의무의 주체이자 법적 규율의 상대방으로서 '주민'이라는 용어를 사용하고 있다. 지방자치법에 '주민'의 개념을 구체적으로 정의하는 규정이 없는데, 그 입법 목적, 요건과 효과를 달리하는 다양한 제도들이 포함되어 있는 점을 고려하면, 지방자치법이 단일한 주민 개념을 전제하고 있는 것으로 보기 어렵다. 자연인이든 법인이든 누군가가 지방자치법상 주민에 해당하는지는 개별 제도별로 제도의 목적과 특성, 지방자치법뿐만 아니라 관계 법령에 산재해 있는 관련 규정들의 문언, 내용과 체계 등을 고려하여 개별적으로 판단할 수밖에 없다.

지방자치법 제13조 제2항, 제14조, 제15조, 제16조, 제17조, 제20조에 따른 참여권 등의 경우 지방자치법 자체나 관련 법률에서 일정한 연령 이상 또는 주민등록을 참여자격으로 정하고 있으므로(공직선거법 제15조, 주민투표법 제5조, 주민소환에 관한 법률 제3조 참조) 자연인만을 대상으로 함이 분명하고, 제12조는 기본적으로 제2장에서 정한 다양한 참여권 등을 행사할 수 있는 주민의 자격을 명확히 하려는 의도로 만들어진 규정이라고 볼 수 있다. 그러나 제13조 제1항에서 정한 재산 · 공공시설 이용권, 균등한 혜택을 받을 권리와 제21조에서 정한 비용분담 의무의 경우 자연인만을 대상으로 한 규정이라고 볼 수 없다.

지방자치법 제138조에 따른 분담금 제도의 취지와 균등분 주민세 제도와의 관계 등을 고려하면, 지방자치법 제138조(지방자치단체는 그 재산 또는 공공시설의 설치로 주민의 일부가 특히 이익을 받으면 이익을 받는 자로부터 그 이익의 범위에서 분담금을 징수할 수 있다)에 따른 분담금 납부의무자인 '주민'은 균등분 주민세의 납부의무자인 '주민'과 기본적으로 동일하되, 다만 '지방자치단체의 재산 또는 공공시설의 설치로 주민의 일부가 특히 이익을 받은 경우'로 한정된다는 차이점이 있을 뿐이다. 따라서 법인의 경우 해당 지방자치단체의 구역 안에 주된 사무소 또는 본점을 두고 있지 않더라도 '사업소'를 두고 있다면 지방자치법 제138조에 따른 분담금 납부의무자인 '주민'에 해당한다.

지방자치법 제12조가 '주민의 자격'을 '지방자치단체의 구역 안에 주소를 가진 자'로 정하고 있으나 이는 위에서 본 바와 같이 주로 자연인의 참여권 등을 염두에 두고 만들어진 규정이고, 지방자치법은 주소의 의미에 관하여 별도의 규정을 두고 있지 않다. 민법 제36조가 '법인의 주소'를 '주된 사무소의 소재지'로, 상법 제171조는 '회사의 주소'를 '본점 소재지'로 정하고 있으나, 이는 민법과 상법의 적용에서 일정한 장소를 법률관계의 기준으로 삼기 위한 필요에서 만들어진 규정이다. 따라서 지방자치법 제138조에 따른 분담금 납부의무와 관련하여 법인의 주소가 주된 사무소나 본점의 소재지로 한정된다고 볼 것은 아니다. 어떤 법인이 해당 지방자치단체에서 인적 · 물적 설비를 갖추고 계속적으로 사업을 영위하면서 해당 지방자치단체의 재산 또는 공공시설의 설치로 특히 이익을 받는 경우에는 지방자치법 제138조에 따른 분담금 납부의무자가 될 수 있다. 특히 지방자치법 제138조에 근거하여 분담금 제도를 구체화한 조례에서 정한 분담금 부과 요건을 충족하는 경우에는 부담금 이중부과 등과 같은 특별한 사정이 없는 한 조례 규정에 따라 분담금을 납부할 의무가 있다.

1. **지방자치법 제4조 제3항부터 제7항에서 행정안전부장관 및 소속 위원회의 매립지 관할 귀속에 관한 의결·결정의 실체적 결정기준이나 고려요소를 구체적으로 규정하지 않은 것이 헌법상 보장된 지방자치제도의 본질을 침해하거나 명확성원칙, 법률유보원칙에 반하는지 여부(소극)**

   국가는 해상 공유수면 매립지의 관할 지방자치단체를 결정할 때 관련 지방자치단체나 주민들의 이해관계 외에도 국토의 효율적이고 균형 있는 이용·개발과 보전(헌법 제120조 제2항, 제122조), 지역 간의 균형 있는 발전(헌법 제123조 제2항)까지도 고려하여 비교형량하여야 하는데 이러한 고려요소나 실체적 결정기준을 법률에 더 구체적으로 규정하는 것은 입법기술적으로도 곤란한 측면이 있는 점 등을 종합하면, 지방자치법 제4조 제3항부터 제7항이 행정안전부장관 및 그 소속 위원회의 매립지 관할 귀속에 관한 의결·결정의 실체적 결정기준이나 고려요소를 구체적으로 규정하지 않았다고 하더라도 지방자치제도의 본질을 침해하였다거나 명확성원칙, 법률유보원칙에 반한다고 볼 수 없다.

2. **매립지 관할 귀속에 관하여 이해관계가 있는 매립면허관청이나 관련 지방자치단체의 장이 준공검사 전까지 행정안전부장관에게 관할 귀속 결정을 신청하도록 한 지방자치법 제4조 제4항의 입법 취지 및 위 규정에서 정한 대로 매립면허관청이나 관련 지방자치단체의 장이 준공검사 전까지 관할 귀속 결정을 신청하지 않은 것이 행정안전부장관의 관할 귀속 결정을 취소해야 할 위법사유인지 여부(소극)**

   해상 공유수면 매립지의 경우 지방자치법 제4조 제1항 본문에 의하여 법률의 형식으로 관할 지방자치단체를 정하지 않는 이상 지방자치법 제4조 제3항에 의하여 행정안전부장관의 관할 귀속 결정이 반드시 있어야 하므로, <u>지방자치법 제4조 제4항이 정한 대로 신청이 이루어지지 않았다고 하더라도 해당 매립지에 관하여 관할 귀속 결정을 하여야 할 행정안전부장관의 권한·의무에 어떤 영향을 미친다고 볼 수 없다.</u> 매립면허관청이나 관련 지방자치단체의 장이 준공검사 전까지 관할 귀속 결정을 신청하지 않았다고 하더라도 그것이 행정안전부장관의 관할 귀속 결정을 취소하여야 할 위법사유는 아니라고 보아야 한다.

3. **지방자치법 제4조 제4항에서 매립지 관할 귀속 결정의 신청권자로 규정한 '관련 지방자치단체의 장'에 기초 지방자치단체의 장이 포함되는지 여부(적극)**

   지방자치법 제4조 제4항에서 매립지 관할 귀속 결정의 신청권자로 규정한 '관련 지방자치단체의 장'에는 해당 매립지와 인접해 있어 그 매립지를 관할하는 지방자치단체로 결정될 가능성이 있는 '기초 및 광역 지방자치단체의 장'을 모두 포함한다.

4. 2009. 4. 1. 법률 제9577호로 지방자치법 제4조를 개정하여 행정안전부장관이 매립지가 속할 지방자치단체를 결정하는 제도를 신설한 입법 취지에 비추어 보면, 행정안전부장관 및 소속 위원회는 매립지가 속할 지방자치단체를 정할 때 폭넓은 형성의 재량을 가진다. 다만, 그 형성의 재량은 무제한적인 것이 아니라, 관련되는 제반 이익을 종합적으로 고려하여 비교·형량하여야 하는 제한이 있다. 행정안전부장관 및 소속 위원회가 그러한 이익형량을 전혀 하지 않았거나 이익형량의 고려 대상에 마땅히 포함해야 할 사항을 누락한 경우 또는 이익형량을 하였으나 정당성·객관성이 결여된 경우에는 그 관할 귀속 결정은 재량권을 일탈·남용한 것으로 위법하다.

위와 같은 지방자치법의 개정 취지 등을 고려하면, 행정안전부장관 및 소속 위원회가 매립지가 속할 지방자치단체를 결정할 때에는 일반적으로 다음과 같은 사항을 포함하여 고려하여야 한다. 특히 하나의 계획으로 전체적인 매립사업계획이 수립되고 그 구도하에서 사업내용이나 지구별로 단계적·순차적으로 진행되는 매립사업에서는 매립이 완료된 부분에 대한 행정적 지원의 필요 등으로 전체 매립대상지역이 아니라 매립이 완료된 일부 지역에 대한 관할 귀속 결정을 먼저 할 수밖에 없는 경우에도 그 부분의 관할 귀속 결정은 나머지 매립 예정 지역의 관할 결정에 상당한 영향을 미칠 수 있다. 따라서 일부 구역에 대해서만 관할 귀속 결정을 할 경우에도 해당 매립사업의 전체적 추진계획, 매립지의 구역별 토지이용계획 및 용도, 항만의 조성과 이용계획 등을 종합적으로 고려하여 매립예정지역의 전체적인 관할 구도의 틀을 감안한 관할 귀속 결정이 이루어지도록 하여야 한다. 만일 전체적인 관할 구도에 비추어 부적절한 관할 귀속 결정이 부분적으로 이루어지게 되면, 해당 매립사업의 전체적 추진계획 및 매립지의 세부 토지이용계획 등이 반영되지 못하게 될 위험이 있을 뿐만 아니라, 관할 귀속 결정이 이루어질 때마다 지방자치단체 사이에 분쟁이 생길 수 있고, 이로 인하여 국가 및 그 지역사회 차원에서 사회적·경제적 비용이 늘어나게 되며, 사회통합에도 장애가 되어 바람직하지 못하다. 게다가 특정 매립완료지역에 대하여 일단 분리 결정이 되면 그 부분의 관할권을 가지게 된 지방자치단체의 기득권처럼 인식되어 각 단계마다 새로이 이해관계 조정이 이루어지게 됨으로써 전체적인 이익형량을 그르치거나 불필요한 소모적 다툼이 연장될 우려도 배제할 수 없다. 이와 같은 제반 사정에 비추어 매립대상지역 중 완공이 된 일부 지역에 대하여 관할 귀속 결정을 할 경우에도 전체 매립대상지역의 관할 구분 구도에 어긋나지 않게 관할 귀속 결정이 이루어져야 한다.

① 매립지 내 각 지역의 세부 토지이용계획 및 인접 지역과의 유기적 이용관계 등을 고려하여 관할구역을 결정하여 효율적인 신규토지의 이용이 가능하도록 하여야 한다.

② 공유수면이 매립되어 육지화된 이상 더는 해상경계선만을 기준으로 관할 귀속 결정을 할 것은 아니고, 매립지와 인근 지방자치단체 관할구역의 연결 형상, 연접관계 및 거리, 관할의 경계로 쉽게 인식될 수 있는 도로, 하천, 운하 등 자연지형 및 인공구조물의 위치 등을 고려하여 매립지가 토지로 이용되는 상황을 전제로 합리적인 관할구역 경계를 설정하여야 한다.

③ 매립지와 인근 지방자치단체의 연접관계 및 거리, 도로, 항만, 전기, 수도, 통신 등 기반시설의 설치·관리, 행정서비스의 신속한 제공, 긴급상황 시 대처능력 등 여러 요소를 고려하여 행정의 효율성이 현저히 저해되지 않아야 한다.

④ 매립지와 인근 지방자치단체의 교통관계, 외부로부터의 접근성 등을 고려하여 매립지 거주 주민들의 입장에서 어느 지방자치단체의 관할구역에 편입되는 것이 주거생활 및 생업에 편리할 것인지를 고려하여야 한다.

⑤ 매립공사의 시행으로 인근 지방자치단체와 주민들이 인접 공유수면을 상실하게 되므로 이로 인하여 잃게 되는 지방자치단체들의 해양 접근성에 대한 연혁적·현실적 이익 및 주민들의 생활기반과 경제적 이익을 감안하여야 한다.

1. 시·도교육청의 직속기관을 포함한 행정기구의 설치가 조례로 결정할 사항인지 여부(적극) 및 지방교육행정기관의 행정기구 설치와 관련하여 교육감과 지방의회가 가지는 권한 / 지방의회가 집행기관의 고유 권한에 속하는 사항의행사에 관하여 사전에 적극적으로 개입할 수 있는지 여부(소극) 및 개입이 허용되는 범위

   지방자치법 제22조 본문, 제113조, 지방자치법 시행령 제75조, 지방교육자치에 관한 법률 제18조 제1항, 제32조, 지방교육행정기관의 행정기구와 정원기준 등에 관한 규정 제3조 제1항 제2호, 제3호, 제25조 제1항, 제2항의 규정 내용을 종합하면, 시·도교육청의 직속기관을 포함한 지방교육행정기관의 행정기구의 설치는 기본적으로 법령의 범위 안에서 조례로써 결정할 사항이다. 교육감은 시·도의 교육·학예에 관한 사무를 집행하는 데 필요한 때에는 법령 또는 조례가 정하는 바에 따라 기구를 직접 설치할 권한과 이를 위한 조례안의 제안권을 가지며, 설치된 기구 전반에 대하여 조직편성권을 가질 뿐이다. 지방의회는 교육감의 지방교육행정기구 설치권한과 조직편성권을 견제하기 위하여 조례로써 직접 교육행정기관을 설치·폐지하거나 교육감이 조례안으로써 제안한 기구의 축소, 통폐합, 정원 감축의 권한을 가진다. 지방자치법상 지방자치단체의 집행기관과 지방의회는 서로 분립되어 각기 그 고유 권한을 행사하되 상호 견제의 범위 내에서 상대방의 권한 행사에 대한 관여가 허용된다. 지방의회는 집행기관의 고유 권한에 속하는 사항의 행사에 관하여 사전에 적극적으로 개입하는 것은 허용되지 않으나, 견제의 범위 내에서 소극적·사후적으로 개입하는 것은 허용된다.

2. 전라북도의회가 의결한 '전라북도교육청 행정기구 설치 조례 일부 개정조례안'에 대하여 전라북도 교육감이 재의를 요구하였으나 전라북도의회가 위 조례 개정안을 원안대로 재의결함으로써 확정한 사안에서, 위 조례 개정안이 교육감의 지방교육행정기관 조직편성권을 부당하게 침해한다고 볼 수 없다고 한 사례

   전라북도의회가 의결한 '전라북도교육청 행정기구 설치 조례 일부 개정조례안'에 대하여 전라북도 교육감이 재의를 요구하였으나 전라북도의회가 위 조례 개정안을 원안대로 재의결함으로써 확정한 사안에서, 위 조례 개정안은 직속기관들이 전라북도교육청 소속임을 분명하게 하기 위하여 해당 직속기관의 명칭에 '교육청'을 추가하거나 지역 명칭을 일부 변경하는 것에 불과한데, 관계 법령의 규정 내용에 따르면, 직속기관의 명칭을 결정하는 것이 교육감의 고유 권한에 해당한다고 볼 만한 근거가 없는 반면, 지방의회가 '이미 설치된 교육청의 직속기관'의 명칭을 변경하는 것은 사후적·소극적 개입에 해당하므로, 위 조례 개정안이 자치사무에 관하여 법령의 범위 안에서 조례를 제정할 수 있는 '지방의회의 포괄적인 조례 제정 권한'의 한계를 벗어난 것이라고 보기는 어렵다는 이유로, 위 조례 개정안이 교육감의 지방교육행정기관 조직편성권을 부당하게 침해한다고 볼 수 없다고 한 사례.

6 주민소송

1. 지방자치법 제17조 제1항에서 주민소송의 대상으로 규정한 '재산의 취득·관리·처분에 관한 사항', '해당 지방자치단체를 당사자로 하는 계약의 체결·이행에 관한 사항' 등에 해당하는지 판단하는 기준

주민소송 제도는 지방자치단체 주민이 지방자치단체의 위법한 재무회계행위의 방지 또는 시정을 구하거나 그로 인한 손해의 회복 청구를 요구할 수 있도록 함으로써 지방자치단체 재무행정의 적법성, 지방재정의 건전하고 적정한 운영을 확보하려는 데 목적이 있다. 그러므로 주민소송은 원칙적으로 지방자치단체의 재무회계에 관한 사항의 처리를 직접 목적으로 하는 행위에 대하여 제기할 수 있고, 지방자치법 제17조 제1항에서 주민소송의 대상으로 규정한 '재산의 취득·관리·처분에 관한 사항', '해당 지방자치단체를 당사자로 하는 계약의 체결·이행에 관한 사항' 등에 해당하는지 여부도 그 기준에 의하여 판단하여야 한다.

2. 지방자치법 제17조 제1항에서 정한 주민소송의 대상은 주민감사를 청구한 사항과 반드시 동일해야 하는지 여부(소극) 및 주민소송의 대상이 주민감사를 청구한 사항과 관련성이 있는지 결정하는 기준

주민감사청구가 '지방자치단체와 그 장의 권한에 속하는 사무의 처리'를 대상으로 하는 데 반하여, 주민소송은 '그 감사청구한 사항과 관련이 있는 위법한 행위나 업무를 게을리한 사실'에 대하여 제기할 수 있는 것이므로, 주민소송의 대상은 주민감사를 청구한 사항과 관련이 있는 것으로 충분하고, 주민감사를 청구한 사항과 반드시 동일할 필요는 없다. 주민감사를 청구한 사항과 관련성이 있는지는 주민감사청구사항의 기초인 사회적 사실관계와 기본적인 점에서 동일한지에 따라 결정되는 것이며 그로부터 파생되거나 후속하여 발생하는 행위나 사실은 주민감사청구사항과 관련이 있다고 보아야 한다.

3. 지방자치법 제17조 제2항 제4호 주민소송을 제기하는 자는 상대방, 재무회계행위의 내용, 감사청구와의 관련성, 상대방에게 요구할 손해배상금 내지 부당이득금 등을 특정하여야 하는지 여부(적극)

지방자치법 제17조 제2항 제1호부터 제3호까지의 주민소송은 해당 지방자치단체의 장을 상대방으로 하여 위법한 재무회계행위의 방지, 시정 또는 확인 등을 직접적으로 구하는 것인 데 반하여, 제4호 주민소송은 감사청구한 사항과 관련이 있는 위법한 행위나 업무를 게을리한 사실에 대하여 지방자치단체의 장 및 직원, 지방의회의원, 해당 행위와 관련이 있는 상대방(이하 '상대방'이라 통칭한다)에게 손해배상청구, 부당이득반환청구, 변상명령 등을 할 것을 요구하는 소송이다. 따라서 제4호 주민소송 판결이 확정되면 지방자치단체의 장인 피고는 상대방에 대하여 판결에 따라 결정된 손해배상금이나 부당이득반환금의 지불 등을 청구할 의무가 있으므로, 제4호 주민소송을 제기하는 자는 상대방, 재무회계행위의 내용, 감사청구와의 관련성, 상대방에게 요구할 손해배상금 내지 부당이득금 등을 특정하여야 한다.

4. 지방자치법 제17조 제2항 제4호 주민소송에 따른 손해배상청구의 경우, 위법한 재무회계행위와 관련이 있는 상대방인 지방자치단체의 장이나 공무원에게 위법행위에 대한 고의 또는 중대한 과실이 있어야 손해배상책임이 성립하는지 여부(적극)

지방자치단체의 장은 지방자치법 제17조 제2항 제4호 주민소송에 따라 손해배상청구나 부당이득반환청구를 명하는 판결 또는 회계관계직원 등의 책임에 관한 법률(이하 '회계직원책임법'이라 한다)에 따른 변상명령을 명하는 판결이 확정되면 위법한 재무회계행위와 관련이 있는 상대방에게 손해배상금이나 부당이득반환금을 청구하여야 하거나 변상명령을 할 수 있다(지방자치법 제17조 제2항 제4호, 제18조 제1항, 회계직원책임법 제6조 제1항). 그리고 이에 더 나아가 상대방이 손해배상금 등의 지급을 이행하지 않으면 지방자치단체의 장은 손해배상금 등을 청구하는 소송을 제기하여야 한다(지방자치법 제18조 제2항). 이때 상대방인 지방자치단체의 장이나 공무원은 국가배상법 제2조 제2항, 회계직원책임법 제4조 제1항의 각 규정 내용 및 취지 등에 비추어 볼 때, 그 위법행위에 대하여 고의 또는 중대한 과실이 있는 경우에 제4호 주민소송의 손해배상책임을 부담하는 것으로 보아야 한다.

02 기타

1 기타경상이전수입징수처분취소

구 경찰공무원법이 규정하지 않은 복무의무와 교육훈련에 관한 사항에 대하여는 일반법인 구 국가공무원법과 구 공무원 교육훈련법 조항이 적용되는지 여부(원칙적 적극)

구 국가공무원법과 구 공무원 교육훈련법은 국가공무원의 복무의무와 교육훈련에 관한 일반법이고(구 국가공무원법 제1조, 구 공무원 교육훈련법 제1조), 구 경찰공무원법(2005. 12. 29. 법률 제7803호로 개정되기 전의 것, 이하 같다)은 경찰공무원의 복무의무와 교육훈련에 관한 특별법이므로(구 경찰공무원법 제1조, 제30조), 구 경찰공무원법이 규정하지 않은 복무의무와 교육훈련에 관한 사항에 대하여는 구 경찰공무원법이 일반법 조항의 적용을 명시적으로 배제하거나 이를 배제하는 취지로 해석되지 않는 한 일반법 조항이 적용된다.

2 징계 시효

1. 징계시효를 정한 구 군인사법 제60조의3 제1항의 규정 취지 및 징계시효의 기산점

군인사법이 징계시효 제도를 둔 취지는 군인에게 징계사유에 해당하는 비위가 있더라도 그에 따른 징계절차를 진행하지 않았거나 못한 경우 그 사실상태가 일정 기간 계속되면 그 적법·타당성 등을 묻지 아니하고 그 상태를 존중함으로써 군인 직무의 안정성을 보장하려는 데 있다. 징계시효의 기산점은 원칙적으로 징계사유가 발생한 때이고, 징계권자가 징계사유의 존재를 알게 되었을 때로 볼 수 없다.

2. 민간법원에서 형사처벌이 확정된 부사관이 육군규정 보고조항에 따라 지체 없이 상당한 기간 내에 징계권자에게 그 사실을 보고할 직무상 의무가 있는지 여부(적극) 및 보고의무를 이행하지 않은 경우, 징계시효가 기산되는 시점

육군 부사관은 육군참모총장이 발령한 육군규정을 준수할 직무상의 의무가 있다구 군인사법(2011. 5. 24. 법률 제10703호로 개정되기 전의 것) 제19조 제2항, 제47조의2, 구 군인복무규율(2016. 6. 28. 대통령령 제27273호 부칙 제2조로 폐지) 제23조 제1항, 국군조직법 제10조 제2항 참조]. 따라서 민간법원에서 형사처벌이 확정된 부사관은 육군규정 보고조항에 따라 지체 없이 상당한 기간 내에 징계권자에게 그 사실을 보고할 직무상 의무가 있다. 그 기간 내에 보고의무를 이행하지 아니하면 그 기간이 경과함으로써 곧바로 직무상 의무 위반의 징계사유가 발생하고, 그때부터 징계시효가 기산된다고 보아야 한다.

3 종합소득세부과처분취소등
대판 2020.9.24, 2016두38112

국세기본법 제40조에 규정된 법인의 제2차 납세의무제도의 취지 및 그 적용 요건은 엄격하게 해석하여야 하는지 여부(적극)

국세기본법 제40조에 규정된 법인의 제2차 납세의무제도는 원래의 납세의무자인 출자자의 재산에 대해 체납처분을 하여도 징수하여야 할 조세에 부족이 있다고 인정되는 경우에 사법질서를 어지럽히는 것을 최소화하면서도 실질적으로 출자자와 동일한 이해관계에 의해 지배되는 법인으로 하여금 보충적으로 납세의무를 지게 함으로써 조세징수를 확보하고 실질적 조세평등을 이루기 위한 것이다. 그러나 이러한 법인의 제2차 납세의무는 출자자와 법인이 독립된 권리의무의 주체임에도 예외적으로 본래의 납세의무자가 아닌 제3자인 법인에 출자자의 체납액에 대하여 보충적인 성질의 납세의무를 부과하는 것이고, 또한 조세법규의 해석은 엄격하게 하여야 하므로 그 적용 요건을 엄격하게 해석하여야 한다.

4 사용허가취소처분등취소청구
대판 2020.10.29, 2019두43719

국유지에 지어진 무허가 미등기 건물을 양수하여 건물의 부지로 국유지를 무단점용하고 있던 갑이 위 건물을 '본인의 주거용'으로만 사용하겠다며 위 국유지의 사용허가를 신청하자 관리청인 시장이 갑에게 한시적으로 국유지 사용허가를 하였는데, 현장조사에서 갑이 위 건물을 다른 사람들에게 임대하여 식당 등으로 사용하고 있는 사실을 파악하고 '갑이 위 건물 임대를 통해 위 국유지를 다른 사람에게 사용·수익하게 하여 국유재산법 제30조 제2항을 위반하였다'는 사유로 갑에게 위 사용허가를 취소하고 국유지를 원상회복할 것을 명하는 처분을 한 사안에서, 위 건물 임대는 국유재산법 제36조 제1항 제2호에서 사용허가 취소사유로 정한 '사용허가 받은 재산을 다른 사람에게 사용·수익하게 한 경우'에 해당한다.

확인 TEST

01 지방자치제도에 대한 설명으로 옳은 것은?

① 사립 초등학교·중학교·고등학교 및 이에 준하는 각종 학교를 설치·경영하는 학교법인의 임시이사 선임에 관한 교육감의 권한은 자치사무이다.

② 국가하천에 관한 사무는 국가사무에 해당하나 지방자치단체가 비용 일부를 부담한다면 자치사무로 변경된다.

③ 지방자치법 제13조 제1항에서 정한 재산·공공시설 이용권, 균등한 혜택을 받을 권리와 제21조에서 정한 비용분담 의무의 경우 자연인만을 대상으로 한 규정이다.

④ 법인의 경우 해당 지방자치단체의 구역 안에 주된 사무소 또는 본점을 두고 있지 않다면 '사업소'를 두고 있더라도 지방자치법 제138조(지방자치단체는 그 재산 또는 공공시설의 설치로 주민의 일부가 특히 이익을 받으면 이익을 받는 자로부터 그 이익의 범위에서 분담금을 징수할 수 있다)에 따른 분담금 납부의무자인 '주민'에 해당한다고 할 수 없다.

01 정답 ①

❶ [O] 지방자치법, 지방교육자치에 관한 법률 및 사립학교법의 관련 규정들의 형식과 취지, 임시이사 선임제도의 내용과 성질 등을 앞에서 본 법리에 비추어 살펴보면, 사립 초등학교·중학교·고등학교 및 이에 준하는 각종 학교를 설치·경영하는 학교법인의 임시이사 선임에 관한 교육감의 권한은 자치사무라고 보는 것이 타당하다(대판 2020.9.3, 2019두58650).

② [X] 하천법은 국가하천의 하천관리청은 국토교통부장관이고(제8조 제1항), 하천공사와 하천의 유지·보수는 원칙적으로 하천관리청이 시행한다고 정하고 있다(제27조 제5항). 위와 같은 규정에 따르면, 국가하천에 관한 사무는 다른 법령에 특별한 정함이 없는 한 국가사무로 보아야 한다. 지방자치단체가 비용 일부를 부담한다고 해서 국가사무의 성격이 자치사무로 바뀌는 것은 아니다(대판 2020.12.30, 2020두37406).

③ [X] 지방자치법 제13조 제1항에서 정한 재산·공공시설 이용권, 균등한 혜택을 받을 권리와 제21조에서 정한 비용분담 의무의 경우 자연인만을 대상으로 한 규정이라고 볼 수 없다.

④ [X] 지방자치법 제138조에 따른 분담금 제도의 취지와 균등분 주민세 제도와의 관계 등을 고려하면, 지방자치법 제138조에 따른 분담금 납부의무자인 '주민'은 균등분 주민세의 납부의무자인 '주민'과 기본적으로 동일하되, 다만, '지방자치단체의 재산 또는 공공시설의 설치로 주민의 일부가 특히 이익을 받은 경우'로 한정된다는 차이점이 있을 뿐이다. 따라서 법인의 경우 해당 지방자치단체의 구역 안에 주된 사무소 또는 본점을 두고 있지 않더라도 '사업소'를 두고 있다면 지방자치법 제138조에 따른 분담금 납부의무자인 '주민'에 해당한다지(대판 2021. 4.29, 2016두45240).

02 매립지 귀속에 대한 설명으로 옳은 것은?

① 지방자치법 제4조 제3항부터 제7항에서 행정안전 부장관 및 소속 위원회의 매립지 관할 귀속에 관한 의결·결정의 실체적 결정기준이나 고려요소를 구체적으로 규정하지 않은 것이 헌법상 보장된 지방자치제도의 본질을 침해하거나 명확성원칙, 법률유보원칙에 반한다고 할 수 없다.

② 매립지 관할 귀속에 관하여 이해관계가 있는 매립 면허관청이나 관련 지방자치단체의 장이 준공검사 전까지 행정안전부장관에게 관할 귀속 결정을 신청하도록 한 지방자치법 제4조 제4항의 입법 취지 및 위 규정에서 정한 대로 매립면허관청이나 관련 지방자치단체의 장이 준공검사 전까지 관할 귀속 결정을 신청하지 않았다면 그것은 행정안전 부장관의 관할 귀속 결정을 취소해야 할 위법사유에 해당한다.

③ 지방자치법 제4조 제4항에서 매립지 관할 귀속 결정의 신청권자로 규정한 '관련 지방자치단체의 장'에 광역 지방자치단체의 장'을 포함하나 기초 지방자치단체의 장'을 포함한다고 할 수 없다.

④ 매립지의 관할 귀속에 관하여 '해상경계선 기준'은 관습법적 효력이 인정된다.

02 정답 ①

❶ [O] 지방자치법 제4조 제3항부터 제7항이 행정안전부장관 및 그 소속 위원회의 매립지 관할 귀속에 관한 의결·결정의 실체적 결정기준이나 고려요소를 구체적으로 규정하지 않았다고 하더라도 지방자치제도의 본질을 침해하였다거나 명확성원칙, 법률유보원칙에 반한다고 볼 수 없다(대판 2021.2.4, 2015추528).

② [X] 해상 공유수면 매립지의 경우 지방자치법 제4조 제1항 본문에 의하여 법률의 형식으로 관할 지방자치단체를 정하지 않는 이상 지방자치법 제4조 제3항에 의하여 행정안전부장관의 관할 귀속 결정이 반드시 있어야 하므로, 지방자치법 제4조 제4항이 정한 대로 신청이 이루어지지 않았다고 하더라도 해당 매립지에 관하여 관할 귀속 결정을 하여야 할 행정안전부장관의 권한·의무에 어떤 영향을 미친다고 볼 수 없다. 매립면허관청이나 관련 지방자치단체의 장이 준공검사 전까지 관할 귀속 결정을 신청하지 않았다고 하더라도 그것이 행정안전부장관의 관할 귀속 결정을 취소하여야 할 위법사유는 아니라고 보아야 한다(대판 2021.2.4, 2015추528).

③ [X] 지방자치법 제4조 제4항에서 매립지 관할 귀속 결정의 신청권자로 규정한 '관련 지방자치단체의 장'에는 해당 매립지와 인접해 있어 그 매립지를 관할하는 지방자치단체로 결정될 가능성이 있는 '기초 및 광역 지방자치단체의 장'을 모두 포함한다(대판 2021.2.4, 2015추528).

④ [X] 2009.4.1. 지방자치법 제4조의 개정으로 매립지의 관할 귀속 결정 절차가 신설됨으로써 종래 매립지의 관할 귀속에 관하여 '해상경계선 기준'이 가지던 관습법적 효력은 더 이상 인정될 수 없게 결정되었다(헌재 2004.9.23, 2000헌라2).

03 주민소송에 대한 설명으로 옳지 않은 것은?

① 지방자치법 제17조 제1항에서 주민소송의 대상으로 규정한 '재산의 취득·관리·처분에 관한 사항', '해당 지방자치단체를 당사자로 하는 계약의 체결·이행에 관한 사항' 등에 해당할 수 있다.

② 지방자치법 제17조 제1항에서 정한 주민소송의 대상은 주민감사를 청구한 사항과 반드시 동일해야 한다.

③ 지방자치법 제17조 제2항 제4호 주민소송을 제기하는 자는 상대방, 재무회계행위의 내용, 감사청구와의 관련성, 상대방에게 요구할 손해배상금 내지 부당이득금 등을 특정하여야 한다.

④ 지방자치법 제17조 제2항 제4호 주민소송에 따른 손해배상청구의 경우, 위법한 재무회계행위와 관련이 있는 상대방인 지방자치단체의 장이나 공무원에게 위법행위에 대한 고의 또는 중대한 과실이 있어야 손해배상책임이 성립한다.

03   정답 ②

① [○] 주민소송 제도는 지방자치단체 주민이 지방자치단체의 위법한 재무회계행위의 방지 또는 시정을 구하거나 그로 인한 손해의 회복 청구를 요구할 수 있도록 함으로써 지방자치단체 재무행정의 적법성, 지방재정의 건전하고 적정한 운영을 확보하려는 데 목적이 있다. 그러므로 주민소송은 원칙적으로 지방자치단체의 재무회계에 관한 사항의 처리를 직접 목적으로 하는 행위에 대하여 제기할 수 있고, 지방자치법 제17조 제1항에서 주민소송의 대상으로 규정한 '재산의 취득·관리·처분에 관한 사항', '해당 지방자치단체를 당사자로 하는 계약의 체결·이행에 관한 사항' 등에 해당하는지 여부도 그 기준에 의하여 판단하여야 한다.

❷ [×] 주민감사청구가 '지방자치단체와 그 장의 권한에 속하는 사무의 처리'를 대상으로 하는 데 반하여, 주민소송은 '그 감사청구한 사항과 관련이 있는 위법한 행위나 업무를 게을리한 사실'에 대하여 제기할 수 있는 것이므로, 주민소송의 대상은 주민감사를 청구한 사항과 관련이 있는 것으로 충분하고, 주민감사를 청구한 사항과 반드시 동일할 필요는 없다. 주민감사를 청구한 사항과 관련성이 있는지는 주민감사청구사항의 기초인 사회적 사실관계와 기본적인 점에서 동일한지에 따라 결정되는 것이며 그로부터 파생되거나 후속하여 발생하는 행위나 사실은 주민감사청구사항과 관련이 있다고 보아야 한다.

③ [○] 주민소송 판결이 확정되면 지방자치단체의 장인 피고는 상대방에 대하여 판결에 따라 결정된 손해배상금이나 부당이득반환금의 지불 등을 청구할 의무가 있으므로, 제4호 주민소송을 제기하는 자는 상대방, 재무회계행위의 내용, 감사청구와의 관련성, 상대방에게 요구할 손해배상금 내지 부당이득금 등을 특정하여야 한다.

④ [○] 상대방이 손해배상금 등의 지급을 이행하지 않으면 지방자치단체의 장은 손해배상금 등을 청구하는 소송을 제기하여야 한다(지방자치법 제18조 제2항). 이때 상대방인 지방자치단체의 장이나 공무원은 국가배상법 제2조 제2항, 회계직원책임법 제4조 제1항의 각 규정 내용 및 취지 등에 비추어 볼 때, 그 위법행위에 대하여 고의 또는 중대한 과실이 있는 경우에 제4호 주민소송의 손해배상책임을 부담하는 것으로 보아야 한다(대판 2020.7.29, 2017두63467 [주민소송]).

04 최신 판례에 대한 설명으로 옳지 않은 것은?

① 구 경찰공무원법이 규정하지 않은 복무의무와 교육훈련에 관한 사항에 대하여는 일반법인 구 국가공무원법과 구 공무원 교육훈련법 조항이 경찰공무원에게도 적용된다.

② 법인의 제2차 납세의무는 출자자와 법인이 독립된 권리의무의 주체임에도 예외적으로 본래의 납세의무자가 아닌 제3자인 법인에 출자자의 체납액에 대하여 보충적인 성질의 납세의무를 부과하는 것이고, 또한 조세법규의 해석은 엄격하게 하여야 하므로 그 적용 요건을 엄격하게 해석하여야 한다.

③ 국유지에 '본인의 주거용 사용허가를 받은 자가 위 건물을 다른 사람들에게 임대하여 식당 등으로 사용하고 있는 경우 국유재산법 제36조 제1항 제2호에서 사용허가 취소사유로 정한 '사용허가받은 재산을 다른 사람에게 사용·수익하게 한 경우'에 해당한다.

④ 군인의 징계시효를 정한 구 군인사법 제60조의3 제1항 상징계시효의 기산점은 원칙적으로 징계사유가 발생한 때가 아니라 징계권자가 징계사유의 존재를 알게 되었을 때이다.

04　　　　　　　　　　　　　　　　　　　　　정답 ④

① ［O］ 구 국가공무원법과 구 공무원 교육훈련법은 국가공무원의 복무의무와 교육훈련에 관한 일반법이고, 구 경찰공무원법은 경찰공무원의 복무의무와 교육훈련에 관한 특별법이므로, 구 경찰공무원법이 규정하지 않은 복무의무와 교육훈련에 관한 사항에 대하여는 구 경찰공무원법이 일반법 조항의 적용을 명시적으로 배제하거나 이를 배제하는 취지로 해석되지 않는 한 일반법 조항이 적용된다(대판 2020.6.25, 2017두41634).

② ［O］ 국세기본법 제40조에 규정된 법인의 제2차 납세의무제도는 원래의 납세의무자인 출자자의 재산에 대해 체납처분을 하여도 징수하여야 할 조세에 부족이 있다고 인정되는 경우에 사법질서를 어지럽히는 것을 최소화하면서도 실질적으로 출자자와 동일한 이해관계에 의해 지배되는 법인으로 하여금 보충적으로 납세의무를 지게 함으로써 조세징수를 확보하고 실질적 조세평등을 이루기 위한 것이다. 그러나 이러한 법인의 제2차 납세의무는 출자자와 법인이 독립된 권리의무의 주체임에도 예외적으로 본래의 납세의무자가 아닌 제3자인 법인에 출자자의 체납액에 대하여 보충적인 성질의 납세의무를 부과하는 것이고, 또한 조세법규의 해석은 엄격하게 하여야 하므로 그 적용 요건을 엄격하게 해석하여야 한다(대판 2020.9.24, 2016두38112).

③ ［O］ 국유지에 지어진 무허가 미등기 건물을 양수하여 건물의 부지로 국유지를 무단점용하고 있던 갑이 위 건물을 '본인의 주거용'으로만 사용하겠다며 위 국유지의 사용허가를 신청하자 관리청인 시장이 갑에게 한시적으로 국유지 사용허가를 하였는데, 현장조사에서 갑이 위 건물을 다른 사람들에게 임대하여 식당 등으로 사용하고 있는 사실을 파악하고 '갑이 위 건물 임대를 통해 위 국유지를 다른 사람에게 사용·수익하게 하여 국유재산법 제30조 제2항을 위반하였다'는 사유로 갑에게 위 사용허가를 취소하고 국유지를 원상회복할 것을 명하는 처분을 한 사안에서, 위 건물 임대는 국유재산법 제36조 제1항 제2호에서 사용허가 취소사유로 정한 '사용허가 받은 재산을 다른 사람에게 사용·수익하게 한 경우'에 해당한다(대판 2020.10.29, 2019두43719).

❹ ［X］ 징계시효를 정한 구 군인사법 제60조의3 제1항의 규정 취지 및 징계시효의 기산점 군인사법이 징계시효 제도를 둔 취지는 군인에게 징계사유에 해당하는 비위가 있더라도 그에 따른 징계절차를 진행하지 않았거나 못한 경우 그 사실상태가 일정 기간 계속되면 그 적법·타당성 등을 묻지 아니하고 그 상태를 존중함으로써 군인 직무의 안정성을 보장하려는 데 있다. 징계시효의 기산점은 원칙적으로 징계사유가 발생한 때이고, 징계권자가 징계사유의 존재를 알게 되었을 때로 볼 수 없다(대판 2021.12.16, 2021두48083).

2022 최신판

해커스공무원

황남기
행정법

최신 판례집

초판 1쇄 발행 2022년 4월 1일

지은이	황남기
펴낸곳	해커스패스
펴낸이	해커스공무원 출판팀

주소	서울특별시 강남구 강남대로 428 해커스공무원
고객센터	1588-4055
교재 관련 문의	gosi@hackerspass.com
	해커스공무원 사이트(gosi.Hackers.com) 교재 Q&A 게시판
	카카오톡 플러스 친구 [해커스공무원강남역], [해커스공무원노량진]
학원 강의 및 동영상강의	gosi.Hackers.com

ISBN	979-11-6880-201-8 (13360)
Serial Number	01-01-01

최단기 합격 공무원학원 1위,
해커스공무원 gosi.Hackers.com

해커스공무원

· 해커스공무원 **학원 및 인강**(교재 내 인강 할인쿠폰 수록)
· 해커스공무원 스타강사의 **공무원 행정법 무료 동영상강의**
· '회독'의 방법과 공부 습관을 제시하는 **해커스 회독증강 콘텐츠**(교재 내 할인쿠폰 수록)
· 정확한 성적 분석으로 약점 보완이 가능한 **합격예측 모의고사**(교재 내 응시권 및 해설강의 수강권 수록)

헤럴드미디어 2018 대학생 선호 브랜드 대상 '대학생이 선정한 최단기 합격 공무원학원' 부문 1위